茶文化与茶旅游：

推动茶产业多元化发展

王艳玲 著

中国商业出版社

图书在版编目(CIP)数据

茶文化与茶旅游：推动茶产业多元化发展 / 王艳玲著. — 北京：中国商业出版社，2024.4

ISBN 978-7-5208-2900-7

Ⅰ. ①茶… Ⅱ. ①王… Ⅲ. ①茶-产业发展-研究-中国 Ⅳ. ①F326.12

中国国家版本馆 CIP 数据核字(2024)第 082362 号

责任编辑:管明林

中国商业出版社出版发行

(www.zgsycb.com 100053 北京广安门内报国寺 1 号)

总编室:010-63180647 编辑室:010-83114579

发行部:010-83120835/8286

新华书店经销

天津和萱印刷有限公司印刷

*

787 毫米×1092 毫米 16 开 7.75 印张 126 千字

2024 年 4 月第 1 版 2024 年 4 月第 1 次印刷

定价:45.00 元

* * * *

(如有印装质量问题可更换)

前 言

茶，这一源自古老东方的神奇饮品，以其独特的韵味和深邃的文化内涵，早已超越了简单的饮品定义，成为一种世界性的文化现象。在漫长的历史长河中，茶文化以其独特的魅力，不断地丰富着人类文明的内涵，也为茶产业的多元化发展提供了源源不断的动力。

随着全球化的推进和人们生活水平的提高，茶旅游作为一种新兴的旅游方式，逐渐受到越来越多人的青睐。茶旅游不仅能让人们在品茗的过程中感受茶文化的深厚底蕴，还能让人们亲身参与到茶叶的种植、采摘、制作等过程中，体验茶农的生活，感受茶山的魅力。茶旅游的出现，为茶产业带来了新的发展机遇，也为推动茶产业的多元化发展注入了新的活力。

本书首先概述了茶文化与茶旅游的基础知识，接着对茶文化与茶旅游的融合、茶文化旅游产品的开发与推广进行了全面分析，最后对茶产业多元化发展的路径与策略进行了系统的阐述。希望通过本书的介绍，能够为茶产业多元化发展提供帮助。

在写作过程中，笔者参考了部分相关文献、资料，获益良多，在此谨向其作者表示衷心的感谢。

由于笔者水平有限，部分问题的研究还待进一步深化、细化，书中难免存在一些不足之处，敬请广大读者批评指正。

王艳玲

2024 年 3 月

前言

目　录

目录

第一章　茶文化概述

第一节　茶的分类与特点

一、绿茶

（一）绿茶的定义与分类

绿茶是一种广泛流行的茶叶，其主要特点在于经过简单处理和烘焙，保留了茶叶的天然色泽和新鲜味道。绿茶根据不同的产地和制作方法，可以分为多个不同的分类。

根据茶叶的形状和外观特点，绿茶可以分为扁形绿茶、长形绿茶和瓣形绿茶。扁形绿茶，如西湖龙井，茶叶扁平而直，色泽翠绿；长形绿茶，如碧螺春，茶叶细长如螺旋，外观美观；瓣形绿茶，如黄山毛峰，茶叶瓣叶成片，呈现出鲜明的花朵形象。

绿茶还可以按照茶叶的发酵程度来进行分类。从发酵程度由低到高分别为微发酵绿茶、中度发酵绿茶和高度发酵绿茶。微发酵绿茶如西湖龙井，基本没有经过发酵过程，茶叶保持了原始的鲜绿色和清香味；中度发酵绿茶如碧螺春、毛尖，茶叶经过适度的发酵，香气丰富；高度发酵绿茶如烘青茶，茶叶的发酵程度较高，带有一定的陈化香气。

（二）绿茶的特点与功效

绿茶的颜色呈现出翠绿色，清新雅致，给人以视觉上的愉悦感受。绿茶的香气鲜爽，带有一股清香的味道，让人在品尝的过程中感受到淡雅的幸福。此外，绿茶具有高度的醇厚口感，带来一种舌尖上的享受，令人回味无穷。

观察绿茶的叶子，可以看到其呈现出椭圆形或扁平的形状，叶片中鲜嫩的嫩芽充满生机。这是因为绿茶在制作工艺上注重保持茶叶的原始形态，以保留其丰富的营养成分。绿茶中富含多种维生素、氨基酸、儿茶素等活性物质，对人体健康有很大的益处。

绿茶具有清热解毒的功效，可以消除身体内的湿气、热气，帮助排除身体中的有害物质。同时，绿茶还具有提神醒脑的作用，能够增强注意力、改善思维能力，对学习和工作有一定的帮助。此外，绿茶还具有降脂减肥的效果，可以促进脂肪的代谢，减少脂肪在体内的沉积。

绿茶还被认为是一种抗氧化的饮品，可以抵御自由基的侵害，减缓细胞老化的速度，有助于保护身体免受各种慢性疾病的侵袭。另外，绿茶中的茶多酚还具有抗菌作用，可以抑制某些病菌的生长繁殖，有利于提高人体的免疫力。

除了上述的功效，绿茶还有许多其他的健康益处，如减轻眼疲劳、舒缓压力、降低血糖、保护心脏等。

二、红茶

（一）红茶的定义与分类

红茶，是一种被广泛饮用的茶叶品种。它以其独特的风味和深受喜爱的特点而闻名于世。红茶经历采摘、萎凋、滚揉、发酵、烘干等多个步骤，精心制作而成。而根据不同的制作工艺和产地，红茶又可以分为英式红茶、印度尼西亚红茶、斯里兰卡红茶等多个分类。

英式红茶是一类著名的红茶。它源自英国，以其浓烈的香气和深红色的汤色而闻名。传统上，英式红茶以较粗的茶叶制成，有着浓厚的麦芽和果香的口感。这种茶叶通常用于冲泡红茶、奶茶以及英式下午茶等传统的英国饮品。

印度尼西亚红茶是另一类备受推崇的红茶。它的特色在于茶叶含有较多的茶多酚和咖啡因，因此有了更浓郁的口感和提神醒脑的功效。印度尼西亚红茶通常呈现出红褐色的汤色，带有一丝甜味和花果香。这种茶叶常被用于制作奶茶、奶酒以及各种茶饮料。

斯里兰卡红茶是来自斯里兰卡的红茶品种。这种红茶以其独特的口感和花果香气而闻名。斯里兰卡红茶的茶叶质地较为细腻，呈现出红褐色或金黄色的汤色。其口感醇厚，带有一丝丝的柔和和温和的味道。这种茶叶常常被用于制作茶包和各种花果茶。

（二）红茶的特点与功效

红茶在发酵制作过程中，茶叶的颜色变化明显，茶叶呈现出红褐色，茶汤也随之变为红色。这是红茶与其他茶类最明显的区别之一。红茶的气味芬芳，回甘的口感使其成为人们喜爱的茶饮之一。

红茶具有浓郁的香味和醇厚的口感。红茶茶叶中含有丰富的茶多酚，这些物质赋予了红茶独特的香气和口感。不同产地的红茶有着不同的香气特点，如云南红茶带有蜜香、川红茶具有果香，这些香味随着红茶的冲泡而散发出来，令人陶醉。

红茶还具有一定的养生功效。红茶中富含茶碱、茶多酚、咖啡因等成分，对人体具有提神醒脑、促进消化、降脂等作用。此外，红茶还含有丰富的维生素和矿物质，对补充人体所需营养有着积极的作用。

红茶对心血管系统也有一定的保健作用。研究表明，适量饮用红茶可以降低血脂、抑制血小板凝聚、预防动脉硬化等，其所含活性物质具有抗氧化和抗炎作用，有助于维护心血管的健康。

另外，红茶还有助于提升免疫力、舒缓压力、改善情绪等，使人们身心得到放松和平衡。

三、白茶

（一）白茶的定义与分类

白茶是中国传统饮茶文化中的一大瑰宝，经过干燥而不经过任何加工或发酵的茶叶。根据不同的制作工艺和原料来源，可以将白茶分为白毫银针、白牡丹、寿眉和贡眉等不同类型的茶叶。

白毫银针是白茶中最为珍贵的品种之一。白毫银针的特点是茶叶表面覆盖着细密的白毫，中国福建省的产区最为有名。制作白毫银针的茶叶采摘标准非常严格，只能采摘下叶尖嫩芽，而且是在清晨的雾气中采摘，茶叶鲜嫩，含有丰富的茶多酚和氨基酸等营养物质。

白牡丹是一种重要的白茶品种。白牡丹的外形看起来像是一朵盛开的牡丹花，色泽墨绿，含有一定的毛茸。与白毫银针相比，白牡丹的茶叶更加粗壮，叶子较大，制作方法也略有不同。白牡丹茶的口感独特，清香悠长，滋味醇厚。

还有寿眉和贡眉等白茶品种，它们的区别主要在于茶叶的形状和制作工艺。寿眉茶叶形状扁平，外表呈现出一种寿字形状，而贡眉的茶叶则更像是扁平的贡眉状。这两种茶在制作过程中会稍微经过一些轻微的发酵过程，但仍然属于白茶品类。

（二）白茶的特点与功效

白茶以其独特的清香而闻名。在冲泡过程中，白茶散发出清新、芬芳的香气，给人以愉悦的感觉。白茶的香气独特而不浓烈，给人以舒适、宜人的体验，使许多茶叶喜爱者沉醉其中。

白茶有着独特的色泽，通常呈现出黄色或淡黄色，清澈透明的色调。这种色泽不仅令人愉悦，还代表了白茶的品质。相比其他茶叶的浓郁色泽，白茶的明亮色调能够给人一种清新、纯净的感觉。

白茶以其温润的口感而受到人们的喜爱。在品尝白茶时，可以感受到茶叶的柔和口感，不带苦涩或刺激感。这种温润口感使白茶成为许多人每日必饮的选择，带来宁静和舒适的喝茶体验。

白茶除了有独特的特点外，还具有许多养生功效。白茶中富含多种有益于身体健康的物质，如茶多酚、儿茶素等。这些物质有助于抗氧化、提高免疫力、促进消化等，对保持身体健康有积极的影响。

四、乌龙茶与花茶

（一）乌龙茶

乌龙茶，又称为半发酵茶，是一种重要的茶类别。它的特点在于制作过程中将新鲜茶叶经过摇青、杀青、揉捻、发酵、炒青等工艺进行处理，使其茶叶呈现出半发酵的状态。乌龙茶的发酵程度介于绿茶和红茶之间，形成了独特的风味和香气。

从分类的角度来看，乌龙茶可以分为多个品种，如铁观音、大红袍、水仙等。每种乌龙茶都有其独特的风味和特点。铁观音是最为知名的乌龙茶之一，它的茶叶形状扁平，色泽墨绿，带有特有的焦香味和果香味，口感醇厚。相比之下，大红袍的茶叶色泽红褐，茶汤香气浓郁，口感醇爽。水仙茶则以其花香和清新的口感著称。

除了分类外，乌龙茶还有一些共同的特点。一是乌龙茶茶叶较大，具有完整的叶片，形状扁平。二是乌龙茶的茶汤呈现出明亮的橙黄色，清澈透亮。三是乌龙茶具有独特的香气，既有花香和果香，又有特有的焦香和烟香。四是乌龙茶的口感丰富，茶汤醇厚，回甘持久，在口腔中留下丰富的层次感。

乌龙茶因其独特的特点受到了茶叶爱好者的青睐。它不仅具有一定的保健功效，如清热解毒、润肺降火、提神醒脑等，还能让人沉浸在其香气和口感的享受中。乌龙茶的独特性使其成为茶叶市场中备受追捧的品类之一。

（二）花茶

花茶，顾名思义，是以花朵为原料制作的一类茶饮。与其他茶叶相比，花茶独具特色，可以为人们带来不同的口感和香气。花茶的制作工艺简单，通常是将鲜花或花瓣与合适的茶叶混合，经过干燥加工而成。

花茶可根据采用的花材分类。常见的花茶有玫瑰花茶、菊花茶、金银花茶等。每种花茶都有独特的香气和味道，可以满足不同人的口味需求。例如，玫瑰花茶带有浓郁的花香和淡淡的甜味，适合喜欢花香的人饮用，而菊花茶则具有清爽的口感，适合解暑。

花茶也可以按照制作工艺进行分类。有的花茶采用单一的花材，例如纯玫瑰花茶，而另一些花茶则是混合了不同花材制作而成。这种混合花茶常常能够将不同花材的特点融合在一起，味道更加丰富多样。另外，制作花茶时还可以添加其他的天然食材，如柠檬片、薄荷叶等，增添茶饮的口感和营养价值。

花茶的特点还体现在保健功效上。不同花茶具有不同的功效，例如玫瑰花茶对女性具有美容养颜的效果，菊花茶有清热解烦的作用，金银花茶具有清热解毒的功效等。花茶中的花材富含维生素、矿物质等营养成分，对人体健康有积极作用。

第二节　茶的生产与加工

一、茶的种植

（一）种植地选择和前期准备

在种植茶叶之前，选择合适的种植地是至关重要的。种植地的选择直接影响着茶树的生长和茶叶的品质。一方面，要选择地势较高且有足够的阳光照射的地方。阳光充足有利于茶树的光合作用，促进养分的积累和茶叶的发育。另一方面，要选择土壤肥沃、排水良好的地方。茶树生长需要充足的养分供应，土壤肥沃对茶叶的品质起到了至关重要的作用。同时，良好的排水性有助于避免水浸湿茶根，防止根腐病的发生。

在种植地选择确定后，进行前期准备工作是必不可少的。首先，要进行土壤改良。土壤改良可以通过施加有机肥料、石灰等来改善土壤的质地和营养状况。此外，还可以进行土壤深翻和松土，以提高土壤的通透性和保水性。其次，对原有植被进行清理和平整。除去不利于茶树生长的杂草和乱石，保持种植地的整洁，便于后续的茶树种植和管理。最后，根据所种植的茶树品种需求，进行相应的施肥和植株栽培。根据茶树生长的需要，适时施加氮、磷、钾等营养元素，同时要注意栽培技术，如修剪、枝条摘除等，以促进茶树健康生长和茶叶的产量。

（二）茶树品种选择和培育

茶树品种的选择和培育是茶叶种植过程中的关键环节。不同品种的茶树具有各自的特点和适应性，正确选择和培育适合当地环境和市场需求的品种对茶叶的生产质量和经济效益至关重要。

茶树品种的选择应考虑种植地的气候条件、土壤特点以及市场需求等因素。不同品种对气候的适应性有所差异，一些品种适合生长在温暖湿润的气候条件下，而另一些品种则适应寒冷或干旱地区。因此，在选择茶树品种时，必须充分考虑当地的气候特点，选择适合本地气候条件的品种，以确保茶树的健康生长。

茶树品种的选择还应该考虑土壤特点。不同品种对土壤的要求也有所不同，有的品种对土壤要求较为严格，而有的品种则对土壤的适应性较强。根据种植地土壤的特点，选择适应性好、对土壤适应范围广的品种，在栽培过程中能够减少土壤修复和改良的工作量，提高茶树的生长效益。

茶树品种的培育是确保种植质量和产量的重要环节。培育新品种需要进行品种杂交和选育工作。在杂交过程中，选择具有良好质量和产量特点的亲本进行交配，通过基因的重组和遗传的变异，培育出具有更高产量和更好品质的新品种。在杂交后的选育过程中，应该对大量的苗木进行生长观察和性状评估。只有经过多年的田间观察和实验证明，具有适应性好且具有稳定性的新品种才能够推广种植。此外，还需要进行病虫害抗性和品质相关性状的评价，确保新品种能够抵御病虫害的侵害，并拥有优良品质。为了提高茶树品种的选育效率，可以借助现代生物技术的手段，如分子标记辅助选择和胚胎移植等。这些技术可以加速对茶树基因的研究和筛选，实现对优良品种的快速选育和推广。

（三）茶园管理与病虫害防治

1. 茶园管理

（1）土壤管理

茶树对土壤要求较为特殊，因此茶园土壤的选择和管理是关键。要选择排水良好、土壤肥沃、适宜生长的土壤。同时，要进行土壤肥力调查，了解土壤的养分状况，根据实际情况进行有针对性的施肥，保证茶树的养分供应。

（2）水分管理

茶树对水分的需求较大，过多或过少的水分都会对茶树造成不良影响。因此，在管理过程中应保持适宜的土壤湿度。一方面，要注意保持土壤湿润，避免茶树缺水；另一方面，要注意排水，避免积水对茶树生长的影响。

（3）施肥管理

合理的肥料投入可以提高茶树的产量和品质。根据茶树的生长特点，可以适量施用有机肥、矿质肥和生物肥料等。同时要注意肥料的施用时机，避免过量施肥造成茶树的生长不良和环境的污染。

（4）修剪管理

修剪可以促进茶树分枝和新梢的生长，提高茶叶的产量。合理的修剪还可以改善树冠结构，增强茶树的抗病虫害能力。因此，要根据茶树的生长情况进行定期的修剪，及时去除老枝、虚枝和病虫害枝。

2. 病虫害防治

茶树易受到多种病害和虫害的侵害，严重影响茶树的生长和茶叶的质量。因此，在茶园管理过程中要及时发现病害和虫害，采取相应的防治措施。可以采用生物防治、物理防治和化学防治等手段，但要注意合理使用农药，避免对环境和人体健康产生不良影响。

二、茶的采摘

（一）采摘标准与分类

在茶叶生产中应高度重视采摘的科学性和规范性，并不断完善采摘技术和处理方法，为茶叶产业的健康发展提供有力支持。

在茶叶的采摘方面，首先需要确定采摘时期。不同类型的茶叶采摘时期有所不同，一般以茶树的萌芽期和芽叶的生长状态为依据。对绿茶来说，一般选择春季茶树新芽初长期采摘；而红茶则会选择芽叶稍成熟的时候进行采摘。此外，根据茶叶的品质标准，还可以确定采摘时期的合理范围，以确保茶叶不会因生长过熟或过嫩而影响品质。

采摘技术是影响茶叶品质的另一个重要因素。科学的采摘方法可以保证采摘时对茶叶的伤害最小化，从而保持茶叶的完整性。一般采摘茶叶的手法有手摘和机摘两种，其中手摘是最常见的方法。采摘时应该遵循一系列的操作规范，如采摘时不要用力过猛，防止将茶叶捏破；采摘后要避免将茶叶与土壤、杂质等混合，保持茶叶的纯净度。

而对茶叶的分类方法而言，一般可以根据茶叶的形状、颜色、大小等特征进行分类。形状上的分类包括扁平形、卷曲形、球形等；颜色上的分类可以有绿色、黄色、红色等；而大小上的分类则可以分为细毫、粗毫等。通过分类，可以清晰地了解到茶叶的特征，从而方便茶叶的品鉴和用途的确定。

（二）采摘时间与技术

茶叶的采摘时间和采摘技术会影响茶叶品质。正确的采摘时间可以保证茶叶的新鲜度和滋味的丰富程度，而采摘技术的熟练掌握则能确保茶叶的质量。

采摘时间的选择对茶叶的口感和香气影响重大。通常情况下，茶树的新芽和嫩叶的含水量最高。在清晨露水过后，茶叶刚长出的时候，含水量最高，此时采摘可以得到最佳的品质。这个时候的茶叶呈现出鲜嫩翠绿的颜色，口感清爽，香气浓郁。而在日中以后，茶叶的水分会逐渐蒸发，含水量下降，此时采摘会导致茶叶变得苦涩，口感变差。

采摘技术的熟练掌握是保证茶叶质量的重要环节。以手摘为例，对茶树的采摘，需要使用整洁锋利的工具，如剪刀或剪刀手。在采摘时，注意不要损伤茶树和茶叶，尽量将茶叶切割平整，保持其完整性。采摘时要避免用手将茶叶撕扯、拔出，以免破坏茶叶的形状和结构，影响品质。在采摘时还要注意选择正确的部位。通常情况下，茶树的顶端嫩芽和嫩叶是品质最佳的部位，所以在采摘时应该选择这些部位进行采摘。这些顶端嫩芽和嫩叶富含茶多酚等有益物质，对茶叶的品质有着重要影响。

（三）采后处理

茶叶的采摘是一个关键的环节，但是采摘后的处理同样重要。采摘后的茶叶需要经过一系列的处理步骤，以确保其质量和口感的稳定性。下面重点介绍茶叶采后处理的技术和方法。

采摘后的茶叶需要进行初步处理，包括晾晒、杀青等步骤。晾晒是为了去除茶叶中多余的水分，通常将茶叶铺在通风良好的地方，自然晾干。而杀青则是通过高温处理，使茶叶中的酶活性迅速停止。杀青后的茶叶不仅呈现出绿色或乌龙茶的特有特征，还能保留茶叶中的营养成分，为后续的制作奠定基础。

采后处理的下一步是揉捻。揉捻是将茶叶经过适当的摩擦和挤压，使其形成条状或球状。这一步骤有助于茶叶的氧化和发酵过程，对乌龙茶和红茶的制作尤为重要。揉捻的程度要根据茶叶的品种和制作要求进行调整，以确保茶叶的质地和口感达到最佳状态。

经过揉捻的茶叶需要进行适当的发酵或氧化处理。这一步骤主要适用于乌龙茶和红茶的制作。发酵或氧化的目的是改变茶叶的化学成分，并赋予茶叶独特的香气和口感。不同茶叶的发酵时间和方法有所差异，制作过程中须严格控制发酵的时间和温度，以保证茶叶的品质。

茶叶的制作还包括烘干和分级的步骤。烘干是为了进一步去除茶叶中的水分，提高茶叶的保存性和稳定性。烘干的方法可以采用传统的手工烘干，也可以使用机械设备进行烘干，以提高效率。分级则是将茶叶按照大小、形状和质量进行分类，以满足不同消费者的需求。

三、茶的加工与制作

（一）初制工艺流程

初制工艺流程包括茶叶的摘采、杀青、揉捻和干燥等步骤。这些步骤的顺序和操作技术对茶叶的品质和口感具有重要影响。

1. 摘采

茶叶的摘采时间直接影响到茶叶的品质和营养成分。一般来说，茶叶的嫩芽最为理想，所以在摘采茶叶时，我们通常选择嫩芽和嫩叶。这些嫩芽和嫩叶富含茶多酚和咖啡因等营养物质，能够为茶叶赋予独特的口感和香气。

2. 杀青

杀青是茶叶初制的重要步骤。杀青的目的是通过破坏茶叶内部的细胞结构，使茶叶中的酶活性得到抑制，从而实现茶叶色泽的稳定和营养物质的保留。一般来说，我们可以采用高温烘焙或者蒸汽杀青的方式。高温烘焙能够迅速杀死茶叶内部的酶，同时还能够驱散茶叶中的水分，保证茶叶的干燥程度。而蒸汽杀青则能够保留茶叶中的营养成分，使茶叶具有更为鲜艳的绿色。

3. 揉捻

揉捻能够将茶叶中的水分和酶均匀混合，进一步改变茶叶的组织结构和形态，使茶叶的营养物质能够更好地释放出来。同时，揉捻也能够改变茶叶的形状和大小，提高茶叶的密度，使茶叶更易保存和运输。

4. 干燥

干燥的目的是降低茶叶中的水分含量，从而防止茶叶发霉和变质。一般来说，我们可以使用自然风干或者机械烘干的方式。自然风干能够保留茶叶的天然香气和口感，但是时间较长，受天气等因素的影响较大。而机械烘干则能够快速地将茶叶中的水分蒸发，但是可能对茶叶的香气和口感产生一定的影响。

（二）再制工艺流程

再制工艺决定了茶叶最终的质量和风味。再制工艺主要包括杀青、揉捻、发酵和烘干四个步骤。

1. 杀青

杀青是指将新鲜茶叶中的酶活性迅速破坏，以停止茶叶的发酵过程。杀青的目的是保持茶叶的色泽翠绿和香气，而且能够保留一定的酶活性，以便后续的发酵和烘干过程。目前常用的杀青方法有高温杀青、炒青和蒸青等。高温杀青能够迅速杀死茶叶中的酶活性，但可能会导致茶叶丧失一些香气成分。炒青和蒸青是利用炒制或蒸汽的作用来杀青，既能保持茶叶的香气，又可以较好地控制杀青的程度。

2. 揉捻

揉捻是将杀青后的茶叶均匀揉捻，以激发茶叶内的香气和释放茶汁。揉捻的目的是将茶叶的细胞破损，促使茶叶内的酶与茶叶的成分充分接触，从而促进茶叶的发酵和香气的释放。揉捻主要有手工揉捻和机械揉捻两种方法。手工揉捻能够更好地控制揉捻的力度和时间，适用于一些特定的茶叶品种和工艺。而机械揉捻效率高，但需要对机械揉捻的参数进行合理调整，避免对茶叶造成过度损伤。

3. 发酵

发酵是茶叶独特的工艺步骤，其主要目的是通过微生物的作用，让茶叶中的化学成分发生复杂的化学反应，形成茶的独特风味。发酵过程主要涉及三个方面的作用：茶叶内在的酶促反应、茶叶中的微生物作用和茶叶的氧化反应。茶叶的发酵程度对最终的口感和香气有重要影响，需要根据具体的茶叶品种和工艺要求进行控制。

4. 烘干

烘干是指将发酵后的茶叶进行干燥，以去除茶叶中的水分，防止霉菌的滋生，并使茶叶变得易于储存和运输。烘干的方法有自然风干和人工烘干两种。自然风干是将茶叶摊放在通风良好的地方，受自然风力的作用进行干燥。人工烘干则是使用专业的烘干设备，通过高温和适度的湿度控制，使茶叶迅速达到所需的干燥度。

（三）加工设备的选择与使用

在茶叶的加工过程中，选择适当的加工设备并正确使用是保证茶叶制作质量的关键。下面重点介绍加工设备的选择原则和使用方法，并探讨加工设备与茶叶品质的关系。

对茶叶加工过程中所需的设备，其选择应考虑到茶叶的不同加工阶段和工艺需求。例如，在初制工艺流程中，常用的设备包括揉捻机、炒青机、烘干机等。这些设备的选择应基于茶叶原料的产量和加工工艺的要求。对小茶厂而言，选择体积较小、操作方便的设备更为合适；而大茶厂则需要考虑设备的处理能力和自动化程度。

正确使用加工设备也是确保茶叶质量的重要因素。在操作设备时，应注意掌握恰当的操作技巧和处理时机。例如，在揉捻机的使用中，需要注意揉捻时间和力度的控制，过长或过短的揉捻时间都会对茶叶的质量造成不良影响。及时清洗和维护设备也是保持设备正常运行和延长使用寿命的关键。

(四) 茶叶的品种特性与加工工艺的关系

茶叶作为一种重要的饮品，其品质的好坏与茶叶的品种特性以及加工工艺密不可分。不同品种的茶叶具有不同的口感、香气和色泽，这些特性源自茶叶的生长环境和加工工艺的影响。

茶叶的品种特性对其口感和香气有着直接影响。以绿茶为例，不同品种的绿茶叶片形状、颜色和干香的特点各不相同。例如，龙井茶以其扁平匀齐的叶片和鲜豆香受到广泛喜爱，而碧螺春茶的卷曲叶片和鲜花香则给人一种独特的感受。因此，在加工过程中，需要根据不同茶叶品种的特性来采取相应的工艺措施，以确保最大限度地保留茶叶原有的特色。

茶叶的加工工艺的选择也对品质产生着重要影响。一般而言，茶叶的加工工艺包括杀青、揉捻、发酵等环节。不同品种的茶叶对每个环节的要求也不尽相同。例如，乌龙茶需要经过较长时间的发酵过程，以产生其独特的果香和香甜的口感，而绿茶则需要较短时间的发酵以保持其清香和鲜爽的特点。因此，加工工艺的精细调控对保持茶叶的品质至关重要。

四、不同种类茶的制作工艺

(一) 绿茶的制作工艺

绿茶是一种以未经发酵的茶叶为原料制作而成的茶类。它采摘后，经过一系列复杂的加工工艺才能得以制成。绿茶的制作工艺主要包括采摘、杀青、揉捻、烘干以及分类和包装环节。

1. 采摘

一般来说，绿茶的嫩叶采摘时间比较短，通常在茶树初长出新梢时进行。采摘后的嫩叶应立即进行加工，以保证其鲜嫩度和品质。

2. 杀青

杀青是绿茶制作中的重要步骤，其目的是阻止茶叶内部多酚的氧化反应，保持茶叶的天然色泽和香气。通常，杀青常用的方法有高温杀青和蒸青两种。高温杀青是指将采摘下来的嫩叶放入高温的锅中进行煮制，这样可以迅速破坏茶叶内部的酶，达到杀青的效果。而蒸青则是将嫩叶放入蒸汽室中进行蒸制，这种方法能够有效保留茶叶中的天然香气。

3. 揉捻

揉捻是将杀青后的茶叶进行揉捻，以形成茶叶的外形和释放茶叶中的芳香物质。揉捻的方法有多种，常见的有手工揉捻和机械揉捻。无论采用何种方法，都要确保揉捻的时间和力度适当，使茶叶叶面出现微裂缝，茶汁得以充分渗透。

4. 烘干

烘干是指将揉捻后的茶叶置于烘干机中，通过热风的作用将茶叶中的水分蒸发掉。这样可以保证茶叶的干燥度和储存寿命。

5. 分类和包装

经过烘干后的绿茶需要进行分类和包装。茶叶会根据其外形、大小和质量等因素进行分类，然后使用符合卫生标准的包装袋进行包装，以确保茶叶的品质和卫生。

（二）红茶的制作工艺

红茶是一种采用发酵工艺制作而成的茶叶。红茶的制作过程经历了采摘、萎凋、揉捻、发酵、干燥以及筛分与包装等多个步骤，每个步骤都对最终的红茶口感和香气产生着重要影响。

1. 采摘

采摘是制作红茶的第一步。一般来说，红茶采摘的时间选择在茶树新梢生长完全后，叶片饱满而且嫩绿的时候。一旦采摘，为了保持茶叶的新鲜度，必须尽快进行后续的处理。

2. 萎凋

采摘的茶叶要经过萎凋处理。这一步的目的是通过茶叶的水分逐渐散失，使茶叶变得柔软，为后续的揉捻做好准备。萎凋的时间和环境会对红茶的品质产生很大的影响，一般来说，室温下萎凋的时间为6～8小时。

3. 揉捻

揉捻的目的是破坏茶叶的细胞结构，并促使茶叶中酶类与空气接触产生酶促作用，使茶叶逐渐发酵。传统的揉捻方式是手工揉捻，现在则多采用机械揉捻。机械揉捻能够提高效率，但对茶叶的处理技术要求更高。

4. 发酵

随后是发酵过程，红茶的独特风味就是通过这一过程产生的。发酵的时间和温度决定了红茶的品质和口感。一般来说，发酵时间在数小时至数十小时，温度控制在20℃～25℃。发酵过程中，茶叶的颜色逐渐转变为红褐色，茶汤香气扑鼻。

5. 干燥

干燥的目的是通过脱水作用，使茶叶中的水分下降到合适的水分含量，以便茶叶保存更久。干燥温度和时间的控制对红茶的质量至关重要，要注意避免过度干燥导致茶叶丧失香气和口感。

6. 筛分与包装

根据不同规格的需求对红茶进行分类，并且用特殊的袋子或盒子来包装的。

（三）白茶的制作工艺

白茶作为中国传统名茶之一，其制作工艺独特而精湛。白茶的制作工艺主要包括采摘、摊凉、烘干和包装环节。

1. 采摘

一般来说，白茶采摘的时间较为特殊，通常在清晨或者下午阳光较为柔和的时候进行，这样可保持茶叶的新鲜度。在采摘时，采用一芯一叶的采摘标准，也就是摘取刚长出的嫩芽。

2. 摊凉

一般来说，白茶的摊凉是通过室内或者室外自然风干的方式进行的。这个过程十分重要，主要目的是让茶叶中的水分逐渐蒸发，从而达到初步整形的效果。在这一过程中，要注意避免阳光照射过强，以免影响茶叶口感和质量。

3. 烘干

白茶的烘干方式一般为炭火烘，也有一些地方采用太阳烘或电烘。无论采用何种方式，烘干的目的主要是去除茶叶的水分，并且增加其香气。烘干时间一般较短，但需要控制好温度，以免影响茶叶的质量。

4. 包装

白茶的包装通常使用特殊纸材料，以保持其新鲜度和香气。可以采用类似于小包的方式包装，以便于顾客购买和使用。

值得一提的是，白茶的制作工艺与其他茶类有所不同。对比绿茶的炒青、红茶的发酵，白茶对茶叶的处理相对温和，保留了茶叶的自然原味。同时，白茶的制作过程中不经过发酵，因此保留了茶叶中丰富的天然氨基酸和维生素，具有一定的保健功效。

五、茶的品质鉴定与保存方法

（一）茶叶品质的评价标准

茶叶品质的评价直接关系到消费者的口感体验和市场竞争力。为了保障茶叶品质的稳定和可靠性，需要依据一定的评价标准来进行茶叶品质的鉴定和分类。评价茶叶品质主要从外观、香气、汤色、滋味和叶底五个方面进行。

外观的评价包括茶叶外形的整体美观程度、条索的紧致度以及色泽的鲜艳程度等。外观的美观不仅能够吸引消费者的眼球，还反映了茶叶的制作工艺和质量。

香气的评价是茶叶品质评价的重要指标之一。香气是由茶叶中的挥发性物质所散发出来的，可以分为幽香、花香、果香等不同的种类。香气的浓郁和持久度能够直接影响消费者对茶叶的美誉度和饮茶体验。

汤色是茶叶品质评价中不可忽视的一项内容。它是指茶叶泡制后的液态颜色，主要通过观察茶汤的透明度、色泽和亮度等指标来评判。一般来说，汤色透明、明亮的茶叶更受人们的喜爱，而混浊或暗沉的汤色则会影响茶叶的品质评价。

滋味则是评价茶叶品质的核心指标之一。茶叶的滋味包括苦、醇、鲜、甜等不同的口感，这些口感是由茶叶中的茶多酚和氨基酸等成分所决定的。一个好茶的滋味应该是醇厚、匀称、回甘且不苦涩，能够让人回味无穷。

叶底的评价是茶叶品质评价的最后一项内容。通过观察茶叶泡制后的叶底形态和颜色，可以了解茶叶在翻制过程中的制作工艺和茶叶的整体质量。叶底的形态应该是齐整、完整的，并具有良好的光泽和柔软度。

（二）茶叶的保存条件与方法

适宜的温度是茶叶保存的关键。温度过高会造成茶叶中的香气成分挥发，导致茶叶的口感变差。而温度过低则容易使茶叶发霉变质。一般来说，茶叶的保存温度最好控制在 5℃～25℃，这样可以保持茶叶的新鲜和稳定。

湿度也是影响茶叶保存质量的重要因素之一。过高的湿度容易导致茶叶吸湿变质，甚至发霉。相反地，过低的湿度则会使茶叶变得干燥，失去其应有的香气和滋味。理想的湿度控制在 50％～70％，可以预防茶叶受潮和变质。

避免直接暴露在阳光下也是茶叶保存的一条重要原则。阳光中的紫外线能破坏茶叶中的有机物质，加速茶叶的氧化过程，影响其品质。因此，应该选择一个避光的地方进行茶叶的储存，以免日晒对茶叶产生不良影响。

茶叶的密封度也是保存的关键，应该保证茶叶储存容器的密封性。使用专门的茶叶罐或密封袋进行储存，避免茶叶与外界空气接触，防止空气中的氧气和湿度对茶叶的影响。储存容器的密封性能越好，茶叶的保存时间越长。

有一些额外的保存技巧也可以帮助茶叶保持其品质。例如，可以在茶叶罐中放入一小块糖，糖能吸附茶叶中的水分，保持茶叶的干燥。还可以在茶叶储存容器中加入一些干燥剂，如硅胶或干燥玻璃球，吸湿剂能吸收茶叶中多余的水分。

（三）茶叶的品质变化与保存时间的关系

茶叶是一种易受环境影响的天然食品，其品质会随着保存时间的增长而发生变化。在长时间的保存过程中，茶叶的色泽、香气、滋味等特征都可能发生改变。因此，了解茶叶的品质变化规律及相应的保存方法对保持茶叶的优质状态具有重要意义。

茶叶的色泽是衡量其品质的重要指标之一。新鲜的茶叶往往呈现出翠绿的色泽，而随着保存时间的增长，茶叶的色泽可能会变得越来越暗淡。这是因为茶叶中的叶绿素随着保存时间的增加而逐渐降解，导致颜色发生变化。为了保持茶叶的色泽，我们可以采取相应的保存措施，例如将茶叶存放在阴凉、干燥的环境中，避免暴露在阳光下或受潮。

茶叶的香气也是评判其品质的重要指标之一。新鲜的茶叶通常具有清香怡人的特点，但随着保存时间的延长，茶叶的香气往往会逐渐减弱甚至散失。这是因为茶叶中的挥发性物质会随着时间的推移而慢慢挥发掉。为了保持茶叶的香气，我们可以采取合适的包装方式，如密封袋装或罐装，并存放在避光、干燥的地方，以防止香气的散失。

茶叶的滋味也会随着保存时间的增长而发生变化。新鲜的茶叶往往带有鲜爽的口感，但随着时间的推移，其滋味可能会变得苦涩或平淡。这是因为茶叶中的咖啡因等成分会随着时间的延长而氧化分解，导致滋味变化。为了保持茶叶的滋味，我们应该选择适当的保存温度和湿度，尽量避免将茶叶暴露在空气中，以减缓其成分的降解速度。

第三节　茶文化的传播与影响

一、茶文化在世界各地的传播

（一）茶文化的起源与传播

茶的起源可追溯到中国古代，数千年来，中国人不仅仅将茶视为一种饮品，更将其视为一种精神符号和生活方式的体现。茶文化的传承表明了中国人民对茶的热爱与推崇，同时也见证了中华优秀传统文化的延续。

中国茶文化传入其他国家的历史，可溯源至丝绸之路的开辟。中国与世界各地的贸易往来使茶叶成为一种重要的交流媒介。随着贸易的发展，茶文化逐渐传播到了日本、韩国、印度等国家。这些国家在接纳茶文化并融入自己的文化传统过程中，不仅吸收了中国茶文化的核心，还进行了本土化的创新和发展。

（二）东西方茶文化的交流与碰撞

东方茶文化在对西方的传播中起到了积极的推动作用。随着世界贸易的扩大和交通的便利，东方的茶叶逐渐传播到西方国家。东方茶文化的独特性和丰富内涵引起了西方人的兴趣，引发了他们对茶文化的研究和探索。西方学者开始深入研究茶的历史、制作工艺、泡茶技巧等方面的知识，并将其介绍给自己的国家。茶文化在西方的传播也成为东方茶文化在世界上得到认可和推广的重要途径。

西方茶文化对东方的影响也是不可忽视的。西方人对茶的喜爱和对茶文化的理解与传统的东方茶文化有所不同，这导致东方茶文化受到了西方文化的一定冲击和改变。例如，在西方国家，泡茶常常伴随着特色甜点和糕点的品尝，形成了独特的下午茶文化。这种文化的兴起引发了东方茶文化的一些变革，茶与食物的搭配和茶文化与饮食文化的交融成为茶文化发展的一种新趋势。通过与西方文化的交流和碰撞，东方茶文化得到了丰富和拓展，更加适应了不同国家的需求和口味。

（三）茶文化在各国的形态与差异

1. 中国

中国作为茶文化的发源地，在茶的生产、煮制、品鉴等方面拥有丰富而复杂的传统。中国茶文化注重工艺和仪式，茶道被视为一种艺术形式。茶人将茶艺视为日常生活的重要组成部分，通过精心煮制、品鉴茶叶来达到身心的和谐与舒缓。而且，在中国社交场合，茶常常被视为一种礼物，通过分享茶的美味和香气来增进人与人之间的情感联系。

2. 日本

日本的茶文化也深受世人所称道。日本茶道以其简约而深沉的特点而闻名。在日本茶道的礼仪中，重视的是人与自然的融合。茶人在准备茶叶和茶具时，注重每一个细节，通过准确的动作和礼仪来展现内心的平静和尊重。在茶室里，参与者会默默地品味着茶，享受这份安宁。这种充满禅意的茶道文化，使茶成为日本社交与人际交往的重要媒介。

3. 英国

英国是一个与茶紧密相连的国家。英国人对下午茶有着独特的热爱和认同。下午茶成为英国社交文化的重要组成部分。在下午茶的习惯中，人们通常召集亲朋好友，坐在一起品尝茶和小点心。茶与社交的结合，使人们能够放松身心，享受友谊和谈话。英国下午茶也有一定的绅士风范，男士常常以品饮茶为一种风度和优雅的象征。

二、茶文化对人际交往的影响

（一）茶文化对社交礼仪的影响

茶文化注重仪态和礼仪，要求人们在茶道的过程中保持端庄、谦恭的态度。在茶道中，人们需要用尊敬的姿态对待茶具，以及互相分享和品味茶香。这种注重礼仪和仪态的精神，渗透到人们的日常社交中，使人们在与他人交往时更加注重尊重和谦和。

茶文化对社交场合的礼仪规范也有一定影响。在茶道的传统规范中，人们需要遵循一系列的动作和仪式，比如倒茶、递茶、接茶等。这些规范既有实际操作的要求，又有象征意义。人们通过学习和遵循这些规范，能够提高社交场合的仪态和礼仪水平，使交往更加得体、和谐。

（二）茶文化对人际关系的影响

茶文化在人际关系中起到了促进交流和增进了解的作用。在传统的茶道仪式中，人们需要共同参与到准备茶叶、冲泡茶汤的过程中，这就为人们提供了一个和谐而平等的交流环境。参与者通过倾听、观察和品尝茶汤，互相了解彼此的个性和兴趣。这种互动有助于建立和加强人际关系，培养亲密感和信任感。

茶文化培养了人际关系中的共享精神。无论是家庭聚会还是商务会议，茶文化都倡导着分享和共同欣赏的精神。在茶道中，主人将茶汤倒入茶杯，有序地将茶杯传递给每个人，这体现了尊重和关爱他人的态度。大家一同品茶，共享美味，共同体验茶的品质和文化，这种共享精神不仅促进了人与人之间的情感交流，也增加了亲密感和凝聚力。

茶文化对人际关系中的冲突处理和解决起到了积极的作用。在茶道中，主人会细心地观察客人的表情、举止和反应，通过细微的变化来感知客人的需求和情绪。如果有人表现出不满或困惑，主人会试图通过温和的沟通和细致的关心来解决问题，避免冲突的升级。这种细致入微的交流方式让人们更加关注他人的感受，培养了善解人意和包容心的品质。

（三）茶文化对人的思维方式的影响

1. 茶文化强调沉静与内省

在品茶的过程中，人们需要静下心来品味茶汤的香气与味道。这种专注于当下的态度，让人们远离喧嚣的外界，进入一个平静的内心空间。这种内省的过程可以帮助人们思考问题，深入了解自己的内心需求和情感状态。通过茶文化的影响，人们学会了减弱外界干扰，提升自我意识，以更客观、冷静的方式来面对问题和挑战。

2. 茶文化鼓励思考与对话

在传统的茶道仪式中，茶席上的人们可以通过品茶和交流，启发彼此的思考。茶席上的对话往往会涉及茶叶的品质、茶文化的历史背景以及个人的体验感受等话题。这些对话与交流不仅仅是简单的问候与寒暄，更是一种深入探讨和分享的过程。通过茶文化的影响，人们学会了倾听、尊重他人的观点，以及通过对话来探索和拓展自己的思维方式。

3. 茶文化注重细节与品质的追求

在茶道中，人们会追求茶具的精致与茶叶的品质。品茗时要注重水温、冲泡时间和品尝技巧等细节。这种对细节的关注让人们培养了细致入微的思维能力。而追求品质的过程则培养了人们对完美与卓越的追求。这种追求和培养的过程可以使人们在日常生活中更加注重细节，提升思维的准确性和创造性。

三、茶文化对经济发展的影响

（一）促进茶叶产业的繁荣

茶叶产业的发展在创造就业机会方面发挥着关键作用。茶叶的生产过程需要大量的人力投入，包括茶叶的种植、采摘、加工和包装等环节，这为农村地区提供了大量的就业机会，有效促进了农村地区的经济发展。同时，茶叶产业的发展也带动了相关产业链的发展，如茶叶加工机械、茶具制造、茶叶包装材料等，为相应的制造业提供了就业机会。

茶叶产业的发展对农村地区的经济结构调整起到积极的推动作用。茶叶作为农产品之一，其种植和加工过程需要大量的土地和资源投入，在农村地区建设茶叶产业园区，不仅能够提高农民的收入水平，还可以促进农村经济的结构调整。通过茶叶产业的发展，农村地区逐渐从传统的农业经济向以茶叶产业为主导的现代农业经济转型，为农村地区的可持续发展提供了新的路径。

茶叶产业的发展为国家的出口贸易做出了重要贡献。茶叶在国际市场上有着广泛的需求，许多国家都将茶叶作为重要的进口商品。因此，茶叶的生产和出口不仅能够增加国家的外汇收入，还有助于增强国际贸易的竞争力。茶叶产业的出口也带动了相关产业的出口，诸如茶具、茶叶包装材料等产品的出口，从而为国家的整体贸易顺差做出了积极贡献。

（二）茶艺和茶宴对旅游业的影响

茶艺是一种将冲泡茶叶的过程转化为一种艺术形式的表演，通过精心选择的茶具、独特的动作和技巧，将茶叶冲泡、倒茶的整个过程变得优雅而精致。茶宴则是以茶为主题的宴会形式，在这种宴会上，人们不仅可以品尝各式各样的茶叶，还可以欣赏茶艺表演、聆听茶艺师的讲解，体验茶文化的魅力。

茶艺和茶宴作为旅游产品，吸引着越来越多的游客。茶艺和茶宴作为独特的文化体验形式，能够提供一种独特的旅游体验，让游客感受到中国传统文化的魅力。在茶艺表演中，游客不仅可以欣赏茶艺师娴熟的技巧，还可以了解茶叶的种类、冲泡的技巧，增加了游客对茶叶的认知和了解。而在茶宴上，游客可以品尝各种不同种类的茶叶，体验不同茶叶的香气和口感，同时还可以与茶艺师进行交流，了解茶道文化的内涵。这些特别的文化体验能够吸引游客，满足他们对不同文化的好奇和探索的需求。

茶艺和茶宴也为旅游业带来了经济效益。茶艺表演和茶宴往往会设置门票价格或者收取一定的费用，这些费用成为茶艺表演和茶宴的收入来源。从这个角度来看，茶艺和茶宴成为一种旅游产品和旅游资源的变现方式，对旅游业的经济发展起到了推动作用。茶艺和茶宴的举办，不仅可以提高茶艺师和茶庄的收益，还能带动茶叶的销售，促使茶叶产业链的发展。茶文化的传播和推广，进一步推动了茶叶产业的发展，促进了当地经济的繁荣。

茶艺和茶宴还可以打造旅游目的地的品牌形象。通过将茶文化和旅游业相结合，打造茶旅品牌，使茶艺和茶宴成为旅游目的地的独特标志，吸引更多的游客前来体验。茶艺和茶宴的推广，不仅能够扩大旅游目的地的知名度，提高其在旅游市场的竞争力，同时还能够带动茶叶产业的发展，促进旅游业的增长。

（三）茶文化对周边产业的带动

茶文化对周边产业的带动体现在茶叶相关产品的开发和创新上。茶文化注重与其他文化形式的融合，通过和艺术、设计、科技等领域的结合，不断开发创新的茶叶相关产品。茶叶的包装设计、茶具的创意设计、茶叶品牌的推广等，都为相关产业提供了更广阔的发展空间。茶文化的影响和传播使茶叶相关产品在市场上拥有了更加广泛的消费群体，为相关产业的发展带来了更多的机遇。

四、茶文化对文化艺术的影响

（一）茶文化对文学艺术的影响

1. 茶文化为文学创作提供了丰富的主题和背景

茶作为一种饮品，具有自然的韵味和人文的情趣，它与人们的日常生活密切相关。作家常常以茶为媒介，描绘生活中的琐碎和情感的起伏，创作出深具情感共鸣的作品。

2. 茶文化为文学创作提供了丰富的意象和符号

茶的品类、冲泡过程、喝茶的仪式等，都是文学创作者创作中可以运用的丰富元素。例如，茶杯中的茶叶在文学作品中常常象征着人生的变迁和经历，茶的味道和口感可用来表达人物的性格特点与情感状态。这些茶文化中所蕴含的意象和符号，被巧妙地引入文学作品中，使作品更加生动和深刻。

3. 茶文化激发了文学创作者的创作灵感

茶的品味、冲泡、品评等活动皆可成为创作的源泉，茶文化所弘扬的审美情趣和人文关怀，能够唤醒创作者的思绪和感受。文学作品中描写茶的场景和茶人的形象，往往能够通过深入地感受茶文化的内在魅力，传递给读者一种独特的审美和艺术享受。

（二）茶文化对美术和设计的影响

茶文化为美术作品提供了丰富的题材与灵感。茶文化内涵丰富，不仅包括茶叶的种植与饮用技艺，还融入了哲学、礼仪、人文等多个方面的元素。这些元素为艺术家提供了广阔的创作空间。茶文化以其独特的仪式感和审美情趣成为许多艺术作品的灵感源泉，艺术家通过对茶文化的描绘和表达，使作品更具深度和内涵。

茶文化对美术作品的创作风格产生了影响。茶文化强调自然、平和、淡泊的生活态度，这种生活态度在美术作品中得到了体现。许多艺术家通过茶文化的启发，形成了一种潜移默化的影响，使他们的绘画风格更加深沉、含蓄，营造出一种静谧、平和的氛围。茶文化所倡导的艺术修养和审美观念，也对美术作品的创作方式产生了积极的影响，艺术家更注重细节和情感表达，将内心感受完整地传达给观众。

茶文化对设计领域产生了深远的影响。茶道的审美、礼仪和仪式感，促使设计师在设计过程中注重细节和整体的和谐。设计师借鉴茶文化的美学理念，将其融入产品、空间和视觉设计中，创造出更加具有品位和文化内涵的作品。茶文化的影响还推动了设计行业的创新和发展，激发了设计师对传统文化的思考和创造。

（三）茶文化对音乐和舞蹈的影响

茶文化对音乐的影响体现在音乐创作中的灵感来源。在茶的品尝过程中，人们往往会将茶汤中的香气、色彩和口感与美妙的音乐相结合，以达到更好的品茗体验。这种将茶文化与音乐相结合的思维方式，启发了音乐创作者以茶为主题进行作曲，并尝试通过音乐来表达茶的品鉴、茶树的生长以及与茶相关的文化内涵。茶文化激发了音乐创作者的创造力，丰富了音乐作品的主题和形式。

茶文化对舞蹈的影响表现在舞蹈创作中的舞姿和动作的灵感来源。茶文化注重茶具的礼仪与动作，其中包括倒茶、品茶、斟茶等动作，这些动作在舞台上被艺术家们灵活地运用到舞蹈中。借助这些茶文化中的动作元素，舞蹈创作者们创作出了富有特色的茶文化舞蹈作品。舞者们通过舞蹈的形式展现出品茗的动作与礼节，将茶文化与舞蹈艺术完美地结合在一起。

茶文化也为音乐和舞蹈的演出提供了丰富的主题素材。茶文化涵盖了丰富的历史和文化内涵，这为音乐和舞蹈创作者们提供了广泛的创作空间。他们可以通过音乐和舞蹈来表达茶的历史、茶文化的传承以及茶与人们生活的联系。例如，结合音乐和舞蹈的形式，可以通过表演茶园的勤劳劳动者，展现他们采摘茶叶、加工茶叶的过程，传递出茶文化的价值和情感。

第二章　茶旅游概述

第一节　茶旅游的目的与意义

茶旅游是一种结合茶文化和旅游活动的形式，旨在通过旅游的方式，展示和传播茶文化。茶文化源远流长，承载着中国悠久的历史和博大精深的文化内涵，因此将茶与旅游相结合，不仅可以使游客体验到丰富多彩的旅游活动，同时也能让他们更深入地了解茶文化。

茶旅游的形式多样化。茶园旅游是最常见的茶旅游形式之一。游客可以亲自参与采茶、制茶的过程，感受到茶叶的种植和加工过程，深入了解茶叶的品种、特点和制作工艺。茶道表演、茶艺体验、品茶赏析等形式也是茶旅游活动的重要组成部分。游客可以通过茶道表演了解茶道的礼仪和流程，参与茶艺体验掌握一些基本的泡茶技巧，并且品味各种不同的茶叶，感受茶的香气和口感。

茶文化与地方特色的结合也是茶旅游中的重要内容。各地茶叶的品种和文化背景各不相同，因此每个地方都有其独特的茶旅游形式。比如，在福建的武夷山可以体验到红茶、乌龙茶等的种植和制作过程，而在四川省的雅安可以亲自采摘野生茶叶，并了解茶马古道的历史故事。这种结合地方特色的茶旅游形式，不仅能够吸引更多的游客，也能够推动当地茶产业的发展。

一、促进茶产业发展

茶旅游为茶产业提供了一个重要的市场渠道。通过茶旅游，游客可以近距离了解茶的生产过程，品味不同种类的茶叶，深入了解茶文化的内涵。这不仅能够满足游客对茶文化的需求，还为茶产业的产品销售提供了新的渠道。茶产业可以将自己的茶叶品牌打造成旅游的特色产品，吸引更多游客的关注和购买。

茶旅游对茶产业的发展起到了良好的宣传推广作用。茶旅游能够将茶文化传播到不同地区和不同层次的人群中，让更多的人了解到茶的魅力和价值。游客在参与茶旅游的过程中，不仅可以观摩茶叶的采摘、制作等过程，还可以参与茶文化的体验活动，如品茶、制茶等。这些亲身参与的体验能够更加直观地传达茶文化的内涵，进一步提升茶产业的知名度和美誉度。

茶旅游也可以促进茶产业的技术创新和品质提升。在茶旅游的推动下，茶产业不断与旅游行业进行合作，引入先进的技术和管理经验，从而提升茶产业的生产工艺和产品质量。游客在茶旅游中对不同种类的茶叶进行品鉴和比较，能够促使茶产业不断提升自己的产品品质，推动行业的发展和创新。

茶旅游还可以促进茶产业与其他相关产业的深度融合。通过茶旅游，茶产业可以与旅游、餐饮、文化创意等产业形成合作共赢的局面。茶产业和其他产业的融合能够创造更多的就业机会，促进经济的发展和增长。同时，茶旅游还可以通过组织展览、文化活动等形式，进一步丰富旅游产品的内涵，提升游客的旅游体验满意度。

二、丰富旅游产品

（一）茶旅游产品的形式与特色

茶园参观是茶旅游的一大主要形式。游客可以进入茶园，近距离观赏茶树的生长情况，了解茶叶的采摘、制作过程，亲自体验采茶、包茶的乐趣。通过茶园参观，游客能够深入了解茶文化的底蕴，并与大自然亲密接触。

茶文化体验是茶旅游产品的另一个重要方面。游客可以参与茶艺表演、品茶赏茶，感受传统的茶道礼仪和品茶技艺的魅力。在这一过程中，游客可以亲身体验到茶的种类、香气、口感等多方面的特色，培养了对茶文化的兴趣与欣赏能力。

茶文化传承与交流也是茶旅游产品的重要组成部分。茶馆、茶艺学校等机构为游客提供了了解茶文化、学习茶艺的机会。游客可以参与茶文化讲座、茶文化交流活动，与茶文化专家、茶艺师进行深入的交流与学习。通过这种方式，游客能够更好地传承和弘扬茶文化，丰富自己的文化内涵。

茶旅游产品还涵盖了茶文化与其他旅游元素的结合。例如，茶山徒步旅行、茶园露营等，将旅游与户外运动相结合，为游客提供了更加丰富多样的茶文化体验。茶旅游产品还可与当地特色美食、民俗文化等进行结合，丰富了旅游产品的内涵，提升了游客的旅游品质。

（二）茶旅游产品的创新与优化

茶旅游产品的形式与特色的创新是创造丰富多样的体验方式的关键。在茶旅游中，除传统的茶园观光和品茶体验外，可以通过丰富的农事体验、茶文化交流活动、茶叶加工体验等多种方式，提供更多元化、个性化的产品。比如，组织农民与游客一同体验采茶、制茶的过程，让游客亲身参与茶叶的制作流程，不仅能够增加游客对茶文化的了解和感受，还可以提升游客的参与感和互动性。

茶旅游产品的创新与优化还需要注重提升产品的品质与服务水平。在茶旅游产品设计中，应该充分考虑游客的需求和期望，提供更加个性化、专业化的服务。比如，为游客提供专业的导览和解说，让他们更好地理解茶文化的内涵；为游客提供高品质的住宿和餐饮服务，让他们在旅途中享受舒适和美味。还可以加强茶旅游产品与其他旅游资源的结合，打造跨界合作，以丰富产品的内涵和提升旅游品质。

茶旅游产品的创新与优化还需要注重科技与信息的应用。如今，随着信息技术的快速发展，茶旅游可以借助互联网、移动应用等科技手段，提供更便捷的预订和体验服务。借助虚拟现实技术，可以开发出虚拟茶园、茶叶加工的体验项目，让游客在虚拟的环境下感受真实的茶文化。通过科技与信息的应用，可以使茶旅游产品在形式上更加丰富、创新，并提升游客的体验感和满意度。

三、提升旅游品质

茶旅游通过丰富旅游产品，提高了旅游的多样性和选择性。传统的旅游项目往往局限于观光景点和历史人文遗迹，但茶旅游却将茶文化融入其中，为游客提供了更加丰富的体验选择。无论是参观茶园采摘茶叶，还是品尝各种不同种类的茶，都能让游客感受到独特的茶文化氛围，增加旅游的乐趣和吸引力。

茶旅游的创新与优化也为旅游品质的提升做出了贡献。传统的旅游项目常常呈现出单一的观光模式，而茶旅游则以茶为媒介，打造了更具个性化的旅游产品。例如，一些茶旅景区开展了茶文化体验活动，如制茶、茶艺表演等，让游客能够亲身参与其中，增加了互动性和参与感。这种创新性的茶旅游产品，不仅满足了人们对旅游体验的追求，也提高了旅游品质。

旅游品质的提升不仅仅体现在旅游项目的丰富性和创新性上，还需要有明确的衡量标准。茶旅游的旅游品质可以从多个维度进行衡量。首先可以从游客满意度和反馈来考量，通过游客的评价和意见收集，评判茶旅游的质量和水平。其次可以从茶旅游的经济效益来衡量，通过旅游收入、就业增加等方面来评估茶旅游对当地经济的影响。还可以从茶旅游活动的文化传承与推广效果来评估旅游品质，传播茶文化、提升茶产业的影响力和知名度。

第二节　茶旅游的主要内容与活动

一、茶园参观与体验

（一）茶园的历史与文化

茶园作为中国传统的茶叶生产基地，其历史可以追溯到数千年前。中国的茶文化源远流长，茶园作为茶文化的承载者，见证了中国茶叶种植、制作工艺的发展演变。茶园中保存的历史文化遗迹，如古老的茶树、古代的茶亭等，都给游客带来了一种历史感，让人感受到中国茶文化的深厚底蕴。

茶园也是一个展示地域特色文化的场所。不同地区的茶园，因为气候、土壤等因素的差异，茶叶的生长情况各不相同，从而形成了各具特色的茶文化。例如，四川的茶园以蜀道茶、云南大理的茶园以普洱茶闻名等。茶园的环境、建筑、景观都体现了当地的特色文化，游客在茶园中不仅可以欣赏美丽的自然风光，还能够了解和体验当地的文化风情。

（二）茶叶的种植与采摘体验

在茶园参观与体验的过程中，茶叶的种植与采摘体验无疑是一项重要的活动。茶叶的种植过程，不仅仅是农作物的种植，更是一门艺术与技术的结合。

在茶园中，游客可以亲身参与到茶叶的种植过程中，感受到其中的乐趣和辛苦。游客会了解到不同种类的茶叶对土壤和气候的要求，并且茶叶的种植需要经过一系列的耕作措施，如翻地、施肥、修剪等。这些过程中，茶农需要根据实际情况来制订种植计划和措施，以保证茶叶的生长和品质。

了解了茶叶的种植过程后，游客还有机会亲自参与到茶叶的采摘中。这是一项需要耐心和技巧的工作，因为采摘时需要选择合适的时机和手法，摘取嫩绿的茶叶芽叶，能保证茶叶的品质。同时，采摘过程中还需要注意不破坏茶叶的完整性，避免受到污染。

茶叶的种植和采摘体验不仅仅让游客了解到茶叶的生长过程，更能够体验到茶农的辛勤劳作和对品质的追求。通过亲自参与其中，游客能够更加深入地了解茶叶的特点以及茶园对茶叶品质的关注程度。

茶叶的种植与采摘体验还能够给游客带来更多的体验和启发。对茶叶种植过程的亲身参与，可以增强游客的实践能力和对农业技术的理解。而对茶叶品质的关注，也能够让游客更加注重产品质量和细节，培养游客的品质意识。

（三）茶园旅游的价值与意义

茶园旅游具有文化传承与展示的价值。作为传统的农业文化形式之一，茶园承载了丰富的历史与文化底蕴。茶园旅游通过展示茶园的历史渊源、传统种植工艺以及茶文化的精髓，帮助游客了解茶叶的起源与发展，并且增加对茶文化的认识与欣赏。在茶园旅游中，游客可以亲身体验茶叶的种植、制作过程，感受到传统工艺的魅力，激发对茶文化的兴趣与热爱。

茶园旅游对环境保护与可持续发展具有重要意义。茶园作为一个独特的生态系统，拥有丰富的物种多样性和生态景观。茶园旅游的开展与推广，有助于保护和维护茶园所在地的生态环境，促进茶园与自然环境的和谐共存。这不仅有利于茶叶的质量与产量，也有益于提升旅游目的地的生态形象与旅游品质。茶园旅游还可以推动当地农民转变传统的农业生产方式，采取更加环保和可持续发展的茶叶种植与加工技术，促进农业的绿色发展。

茶园旅游还具有经济带动和社会效益的意义。茶园旅游作为一种特色旅游产品，吸引了大量游客前来参观和体验。茶园旅游的开展，可以创造就业机会，提高当地居民的经济收入。茶园旅游还能推动当地服务业的发展，促进茶叶产品和茶文化衍生品的销售。茶园旅游也有助于促进不同地域之间的交流与合作，推动旅游业的互联互通与共同发展。

在茶园旅游的价值与意义中，除了以上所提到的方面，还包括对个人身心健康的关注与强调。茶园环境的清新宜人和茶叶品鉴的放松愉悦，可以帮助游客缓解压力、减轻疲劳，促进身心健康。

二、茶艺表演与品鉴

（一）茶艺表演的特点

1. 茶艺表演强调仪式感和仪态美

在表演过程中，表演者会通过精心的动作和着装，展现出高雅、庄重的仪态。茶艺师的手法灵巧，动作流畅，每个动作都经过精心设计与排练，使茶艺表演成为一种富有仪式感的艺术形式。

2. 茶艺表演注重交流与互动

茶艺表演并非单向展示，而是要与游客进行互动。茶艺师会向游客介绍茶的品种、制作工艺以及品鉴技巧，并且鼓励游客亲自参与到茶艺表演中来，学习茶道的基本知识和技巧。这种互动的方式能够增加游客的参与感，使他们更加深入地了解茶文化。

3. 茶艺表演追求细节的完美和艺术的审美价值

茶艺表演中的每个细节都被精心雕琢与处理。从选用的茶具、烧制的茶水到倒水的动作节奏，每一个环节都追求完美。茶艺师们潜心修炼多年，将茶艺表演发展为一门高度艺术化的表演形式。观看茶艺表演的游客可以从中感受到茶道的美学价值，领略到茶艺师对细节的追求和艺术的造诣。

4. 茶艺表演强调环保与可持续发展

茶艺表演中所使用的茶具和茶叶都是以环保为原则进行选择的。茶艺师注重与自然的和谐共生，倡导自然、绿色、可持续的茶文化生活方式。茶艺表演也通过适当的讲解和宣传，向游客传递环保意识，引导他们爱护自然环境，关注可持续发展的重要性。

（二）茶叶品鉴的方式与技巧

茶叶品鉴需要注意选择合适的品茶器具。常见的品茶器具有品茶杯、品茶盖碗等。根据茶叶的不同类型，选用相应的器具可以更好地展现茶叶的特点和魅力。

茶叶品鉴中需要注重观察茶叶的外观特征。通过观察茶叶的大小、形状、颜色等属性，可以初步判断茶叶的质量和品种。例如，一般来说，筒形的茶叶是优质绿茶的特征，而扁平的茶叶更适合用来制作乌龙茶。观察茶叶的颜色可以判断其是否鲜嫩，是否受到过氧化等影响。

茶叶品鉴中需要重视闻茶香的环节。茶叶的香气是茶叶品质的重要指标之一。通过闻茶香可以判断茶叶的新鲜程度、种类以及气味的浓郁程度等。需要注意的是，在闻茶香的过程中，要用鼻子轻轻地、深深地吸气，将茶叶散发出的香气充分感受到，以便进行准确的评价。

茶叶品鉴的核心环节是品茶。品茶的过程中，要注意品茶的时间、水温和品茶口感等因素。一般来说，不同种类的茶叶有着不同的品饮方法，例如，绿茶适宜用 80℃左右的温水冲泡，红茶和黑茶则需要用沸水冲泡。此外，品茶时要留意茶叶在口腔中的感觉，包括滋味、回甘、喉韵等。这些口感可以帮助评价茶叶的品质和特点。

（三）茶艺表演的审美价值

茶艺表演以其独特的形式和动作吸引着观众的目光。表演者手持茶具，灵动的手势配合着轻柔的音乐，使观众仿佛进入了一个梦幻的世界。茶艺表演所展现的优美、和谐、流畅的动作，传递出一种自然与和谐的美感。观众在这种美轮美奂的表演中，不仅仅是欣赏到了一种美丽的画面，更是在审美上获得了一种愉悦的享受。

茶艺表演中的品鉴环节也体现出了其审美价值。在表演者的指导下，观众可以通过品鉴不同种类的茶叶，来领略茶叶的独特风味和香气。品茶的过程中，表演者会以各种方式展示茶叶的冲泡方法和技巧，使品茶成为一种审美体验。从茶叶的外形到香气的散发再到茶汤的颜色、口感等，观众可以通过视觉、嗅觉和味觉来感受茶叶的美。在品鉴茶叶的过程中，观众的感官被充分调动，不仅仅是得到了一种口感的享受，更是在审美上获得了一种感知和认知的乐趣。

茶艺表演在文化传承与交流上也具有审美的价值。通过茶艺表演，人们可以了解到茶文化的渊源和历史，感受到茶文化所蕴含的丰富内涵。观众可以通过与表演者的互动，了解到茶艺的技艺和传承。茶艺表演的审美价值在于它所承载的文化记忆和情感体验，观众在交流中可以感受到茶文化的魅力，进一步提升了审美情趣。

三、茶文化讲座

茶文化讲座作为茶旅游的重要组成部分，通过丰富多样的主题内容，为游客提供了了解和参与茶文化的机会。茶文化讲座的主题涵盖了茶的历史、分类、制作工艺、品鉴技巧等多个方面，旨在向游客传授茶的知识和技能，加深对茶文化的理解。

茶文化讲座的主题之一是茶的历史。在这个主题下，讲者会介绍茶的起源及其在古代社会的演变和影响。游客可以了解到茶在中国历史中的重要地位以及茶在不同朝代的发展变化。此外，茶的历史还与文化、艺术、经济等方面紧密相连，讲座会探讨这些关联，并逐步描绘出一个丰富多彩的茶文化图景。

讲座的另一个主题是茶的分类与制作工艺。茶的分类主要基于茶叶的种类和处理方法，如绿茶、红茶、乌龙茶等。在这个主题下，讲者会向游客介绍不同茶叶的特点和品质，并解释它们之间的差异。此外，讲座还会详细描述茶的制作过程，包括采摘、烘焙、揉捻等步骤，以及影响茶叶品质的因素。通过这些内容，游客能够更深入地了解茶叶的生产与制作过程。

一个重要的主题是茶的品鉴技巧。讲座会介绍如何正确品尝茶，并向游客传授专业的品鉴方法与技巧。从外观、香气、口感等方面进行分析，帮助游客培养对茶的敏感度和鉴赏能力。在茶文化讲座的互动环节中，游客还可以参与品鉴茶叶的实践，从中感受不同茶叶的独特魅力。

茶文化讲座的主题还包括茶与传统文化的关系、茶与健康的关联等。游客可以了解到茶与中国传统文化的紧密联系，茶在文人墨客中的重要地位，以及茶道、茶艺等传统习俗与礼仪。同时，茶的保健功效也是讲座的重要内容之一，游客可以了解到喝茶对健康的积极影响，包括清热解毒、抗氧化等方面的作用。

四、茶主题酒店与餐饮

（一）茶主题酒店的设计与特色

茶主题酒店是茶旅游中的一项重要内容，它的设计与特色对吸引游客、提升旅游体验起着重要的作用。

茶主题酒店的设计着重融合了传统的中国茶文化元素，以及现代的酒店设计理念。在建筑外观上，茶主题酒店常常采用传统的中式建筑风格，如仿古建筑、园林景观等，以营造出浓厚的中国传统茶文化氛围。而在内部装饰上，则融入了茶文化的元素，如以茶叶、茶具为主题的装饰品，茶叶的香气弥漫在酒店的每个角落，使住客能够在酒店内尽情感受茶的韵味。

茶主题酒店在服务和设施上也有独特之处。酒店中常常设有茶室和茶艺表演区，为游客提供茶文化的深度体验，让游客可以亲身感受到品茶的乐趣，了解茶的历史文化和制作过程。茶主题酒店还提供多样化的茶的品鉴活动，让住客可以品尝到各种不同种类的茶叶，领略到不同茶叶的风味和特色。酒店还提供个性化的茶叶定制服务，让住客可以根据自己的喜好选择茶叶和口味，享受到独特的茶饮体验。

茶主题酒店还常常与当地的茶园合作，通过茶园参观与体验活动，将茶园的美景和茶叶的生产过程带给住客。住客可以在茶园中亲自参与采摘茶叶或体验制作茶叶的过程，与茶农互动交流，深入了解到茶叶的生长环境和制作工艺，增加了旅游的趣味性和互动性。

（二）茶主题餐饮的特点与影响

茶主题餐饮的特点之一是注重茶的品质和品种。在茶主题餐厅中，游客可以享受到真正优质的茶叶，充分品味茶的香气和口感。在餐饮过程中，茶的选择和搭配也非常讲究，根据不同菜品的特点和口味，挑选适合的茶品进行搭配，使食物与茶的味道相互映衬、互为补充，提升整体的味觉体验。

茶主题餐饮注重传承和创新。通过传统的茶道表演和茶艺师的讲解，游客可以了解到茶的历史、制作工艺和品茗的技巧。茶主题餐饮也注重创新，将茶与美食相结合，推出独特的茶料理和茶饮品，满足不同游客的口味需求。这种传统与创新相结合的方式，为茶主题餐饮带来了更多的活力和魅力。

茶主题餐饮具有文化交流的作用，它不仅是一种用餐方式，更是一种文化的展示和交流平台。在茶主题餐厅，游客可以与茶艺师互动，学习茶道的礼仪和技巧。茶主题餐饮还经常举办茶文化讲座和交流活动，邀请茶文化专家和学者为游客讲解茶的文化内涵，增进游客对茶文化的认知和理解。

对茶旅游的发展和茶产业的推广，茶主题餐饮起到了积极的影响和促进作用。通过将茶文化融入餐饮中，茶主题餐饮不仅提升了游客的游览体验，还为当地茶产业带来了更多的商机和发展机会。茶主题餐饮的兴起，使茶旅游打破了传统的观光模式，打造了一种全新的旅游方式，吸引了更多游客的关注和参与。

第三节　茶旅游资源的类型与开发

一、茶旅游资源的类型

（一）茶园风光与茶园旅游

1. 茶园风光资源概述

茶园风光作为茶旅游资源的重要组成部分，具有独特的魅力和吸引力。茶园是种植茶树的场所，通常分布在山坡、丘陵和平原地区。茶园以其壮丽的自然景观和独特的生态环境成为游客青睐的目的地。

茶园风光资源可以分为自然景观和人文景观两个方面。自然景观主要指茶树的生长环境，包括茶树的分布、土壤条件、气候特点以及周边的山水等。茶树生长在如画般的山坡上，错落有致的茶树和金黄的茶树叶交相辉映，形成了一幅美丽的画卷。而人文景观则是指人们在茶园中修建的建筑物和园林，如茶亭、茶室和观景台等，这些建筑物和园林既能让游客休憩享受风景，也能提供举办茶艺表演和茶文化节庆活动的场所。

茶园风光资源的特点是独特性和观赏性。茶树在不同季节呈现出不同的景观，春天的茶树嫩绿欲滴，夏季的茶树郁郁葱葱，秋天的茶树金黄一片，冬季的茶树落叶黄灿灿。无论是何时前往茶园，都能欣赏到不同的风景。茶园的景色优美，山林葱茏，清泉潺潺，空气清新，游客可以在这里放松身心，感受大自然的美妙。

茶园风光资源的保护和利用是茶园旅游发展的重要课题。茶园作为一种特殊的农业资源，需要采取科学合理的保护措施，保持其生态平衡和景观的完整性。种植茶树时，要采用合理施肥、植树防风、保持土壤水分等措施，以促进茶树的健康生长。同时，要加强茶园景观的规划与布局，保持茶树的分布和空间关系，提升茶园的整体观赏性。在茶园旅游中，要注重游客教育，加强对游客的环保意识培养，引导游客爱护茶园环境，共同保护茶园风光资源。

2. 茶园旅游资源的利用

在茶园旅游资源的利用过程中，既要保护好茶园的自然环境和生态系统，又要合理开发利用茶园的文化和历史遗产，以实现可持续发展。

（1）茶园旅游资源的利用是以保护茶园环境为前提的

茶园作为人们观赏和体验乡村风貌的重要场所，其保护与利用须统筹兼顾。在茶园旅游过程中，应加强对茶园的生态环境保护，保持茶园的原始生态特色。这可以通过合理规划茶园的游览线路和观赏点，引导游客进行生态文明旅游，提倡观赏而不破坏，让游客在欣赏茶园美景的同时增强生态保护意识。

（2）茶园旅游资源的利用要注重传承和发扬茶园文化

茶园作为一个具有丰富历史和文化底蕴的地方，其传统的茶文化和行为习惯是茶园旅游的独特魅力所在。茶园旅游的利用应注重对茶文化的传承和弘扬，通过茶艺表演、茶叶制作过程的展示等活动，让游客更加了解和体验茶文化，深入感受到茶园的独特魅力。

（3）茶园旅游资源的利用面临着保护历史遗产的责任和挑战

茶园作为一个历史悠久的地方，往往承载着丰富的历史文化和建筑遗产。在茶园旅游的利用过程中，应加强对历史建筑和文物的保护，保护好这些历史遗产的完整性和独特性。同时，还需要制定相关的保护措施和规划，确保茶园旅游的发展与历史遗产的保护相互促进，实现茶园资源的可持续利用。

（二）茶馆文化与茶馆体验游

1. 茶馆文化的起源与发展

在古代中国，茶馆是人们交流、休息、娱乐的重要场所，而茶馆文化也正是从这个起点开始逐渐发展壮大的。茶馆文化的起源可以追溯到唐代，那时茶已经成为一种流行的饮品，茶馆开始作为供人品茶、欣赏茶的场所而出现。茶馆逐渐成为人们闲暇时光的伴侣，同时也成为文人雅士交流思想、展示才华的场所。

茶馆文化的发展在宋代达到了巅峰，茶馆成为文人墨客的重要聚集地。在茶馆里，文人可以通过与他人的对话交流，互相启发，共同进步。茶馆也成为文人传授文学艺术和经验的场所。茶馆里的表演、朗诵和书法等活动更是展示了文人的才华和创造力，推动了茶馆文化的繁荣与发展。

茶馆文化在现代社会也得到了传承与创新。随着社会的进步和人们生活水平的提高，茶馆不仅仅是茶点与茶叶的销售场所，更是一种体验文化的载体。现代茶馆通过提供茶艺表演等形式，为游客创造了更多的茶文化体验机会。茶馆还结合当地特色文化和乡土风情，举办茶文化节庆活动，吸引更多游客前来参与，从而推动了茶文化的传承与发展。

2. 茶馆体验游的形式与特征

茶馆体验游的形式多样丰富。茶馆作为一个文化交流的场所，为游客提供了多种多样的体验方式。一方面，游客可以参与茶艺表演，亲眼看见熟练的茶艺师在茶台上展示独特的冲茶技巧，感受茶叶的冲泡过程，体验到茶艺的独特魅力。另一方面，游客还可以品尝不同种类、不同产地的茶叶，领略到茶叶的香气和口感之美。一些茶馆还提供茶文化讲座、茶文化展览等活动，让游客能够更深入地了解茶文化的底蕴。

茶馆体验游具有良好的互动性和参与性。茶馆体验游注重游客的参与和体验，尤其注重互动性。游客可以与茶艺师互动，学习到更多的茶艺知识和技巧，与其他游客交流茶叶的品质和品鉴心得，共同分享茶文化的乐趣。茶馆还经常组织茶文化活动，如茶艺大赛、茶道比赛等，让游客能够积极参与其中，体验到茶文化的独特魅力。

茶馆体验游注重文化传承和创新。茶馆作为传统的茶文化场所，承载着丰富的文化传统和历史底蕴。茶馆体验游在传承传统茶文化的同时，也注重创新和变革。茶馆会根据时代潮流和游客需求，不断推陈出新，创造出更多吸引人的茶文化体验项目。比如，一些茶馆将茶与音乐、艺术、文学等结合，举办茶文化节庆活动，吸引了更多不同背景的游客，使茶馆成为一个集艺术和文化交流于一体的场所。

（三）茶艺表演

1. 茶艺表演的形式

茶艺表演作为茶旅游资源中的重要组成部分，展现了丰富多样的形式和内容。茶艺表演是一种通过展示茶叶的制作过程和泡茶技巧，向观众传达茶文化和茶道精神的艺术表演形式。

一种常见的茶艺表演形式是茶道。茶道以茶艺师为主角，通过精心设计的仪式和动作，展示茶具的使用和茶制作过程。在一次茶道表演中，观众可以欣赏到茶艺师精湛的技艺，领略到茶文化的深厚底蕴。茶道表演注重细节和仪式感，从欢迎客人入场、准备茶具、烧水煮茶、沏茶品茗等环节，将一场茶艺表演变成了一段令人陶醉的艺术体验。

除了茶道，还有其他形式的茶艺表演，如茶叶的展示和品味。在这种表演中，茶艺师会将不同类别的茶叶进行展示，介绍茶叶的特点和品味方法。观众不仅可以通过视觉感受到茶叶的美丽，还可以通过品味来感受茶叶的香气和口感。这种形式的茶艺表演可以让观众近距离接触茶叶，了解茶叶的丰富多样性，并深入体会到茶的魅力。

与此同时，还有以茶艺表演为主题的演出、比赛和活动。茶艺师会在舞台上展示各种茶技和创意，通过舞台表演的形式向观众展示茶的魅力。这种形式的茶艺表演充满了活力和创新，常常吸引大量观众前来观赏。

2. 茶艺表演的价值与意义

茶艺表演通过精心设计的动作和音乐配合，将茶的制作过程变成了一种艺术表演。观众在欣赏茶艺表演的过程中，不仅能够享受到美妙的视听盛宴，更能深入了解茶的制作过程，增加对茶文化的认识和理解。

茶艺表演在传承和弘扬传统文化方面具有重要意义。茶文化作为中国传统文化的重要组成部分，承载着丰富的历史和文化内涵。茶艺表演通过生动形象地展示茶的文化价值，传递出茶文化的精髓，激发观众对传统文化的兴趣和热爱。

茶艺表演也是一种促进文化交流与交融的形式。茶艺表演的魅力不仅吸引了国内观众，也吸引了越来越多的外国游客。在茶艺表演中，观众不仅能够品味到中国古老的茶文化，还能够感受到不同地域、不同文化的魅力。茶艺表演成为一种文化交流的桥梁，促进了各国文化的交流与融合。

茶艺表演还具有经济价值和社会效益。茶艺表演作为一种旅游资源，吸引了大量的观光游客，为当地经济的发展做出了贡献。茶艺表演也为茶文化的传承和发展提供了平台，培养了一批才华横溢的茶艺师，为茶文化的推广和传播做出了积极贡献。

3. 茶艺表演的发展趋势与挑战

茶艺表演的发展趋势之一是创新与融合。随着时代的进步和观众需求的多样化，单一的传统茶艺表演形式已经无法完全满足人们的审美追求。因此，茶艺表演需要不断创新，将传统艺术与现代元素相融合，以提供更丰富多样的表演形式。例如，可以结合音乐、舞蹈、戏剧等艺术形式，使茶艺表演更具观赏性和娱乐性。

茶艺表演的发展趋势还体现在技艺的提升与传承。茶艺表演需要具备一定的技巧和功底，只有经过长期学习和实践才能掌握。因此，茶艺表演的发展离不开对茶艺师资的培养和传承。通过举办茶艺表演比赛、开办培训班等方式，提升茶艺师资的专业素养和表演水平，传承茶艺表演的精髓，使其持续发展。

茶艺表演的发展趋势还体现在市场化与品牌化。茶旅游的兴起带动了茶艺表演的市场需求，茶艺表演成为茶文化旅游中的一种重要表达方式。因此，茶艺表演机构和从业者需要注重市场需求，树立自己的品牌形象，提供有特色、有品质的表演服务。通过建设完善的营销渠道和推广方式，使茶艺表演成为茶旅游的重要亮点和吸引力。

茶艺表演的发展也面临一些挑战。首先，茶艺表演市场竞争激烈，需要不断提升自身实力和表演水平，与其他同类型表演形式区别开来。其次，茶艺表演在不同地区存在着差异，需要根据当地文化和观众需求进行针对性改进和定制化。再次，茶艺表演还须面对时代快节奏和碎片化阅读的挑战，如何在短时间内吸引观众注意力，以及如何在表演中传递茶文化的精髓都是亟待解决的问题。

（四）茶文化节庆活动

1. 茶文化节庆活动的形式与内容

茶文化节庆活动作为茶旅游资源的重要组成部分，其形式与内容丰富多样。通过茶文化节庆活动，游客可欣赏到各类茶叶的展示与品鉴。茶文化节庆活动经常邀请各地知名的茶叶品牌或茶艺专家进行展示和解说，使游客能够了解到不同的茶叶种类、品牌和饮用方式。同时，游客还可以亲身参与茶叶的品鉴，通过品尝不同茶叶，体验其独特的香气和口感。

茶文化节庆活动也包括茶艺表演和体验环节。在茶文化节庆活动期间，茶艺师通常会展示茶艺的独特魅力，包括泡茶的仪式、手法，进行表演。游客不仅可以欣赏到专业茶艺表演，还可以亲自体验茶艺。通过亲自操作和学习，游客可以更深入地了解茶艺的技巧和魅力，增强对茶文化的体验和理解。

茶文化节庆活动还通常会举办各类茶文化讲座和研讨会。这些讲座和研讨会有助于普及茶文化的知识和理念，促进人们对茶文化的认知和思考。茶文化讲座的内容涉及茶的历史、文化传承、茶道哲学等方面，通过专家学者的解读和分享，使游客对茶的意义和价值有更深层次的认识。

茶文化节庆活动中还会举办茶文化展览和艺术演出。茶文化展览将茶的历史、种类、产地等信息进行展示，丰富了游客对茶文化的了解。艺术演出则常常将茶文化与传统艺术相融合，通过舞蹈、音乐、剧场等形式展现出茶文化的魅力。

2. 茶文化节庆活动的社会影响

茶文化节庆活动的举办促进了当地经济的发展。随着茶旅游的兴起，越来越多的游客涌入茶园参与节庆活动，这无疑为当地茶产业的发展带来了巨大的机遇。茶园主通过举办各种节庆活动，不仅能够增加茶叶的销售量，还能推动与茶有关的产品和服务的销售，比如茶具、茶文化体验等，从而促进了茶产业的全面发展。

茶文化节庆活动的举办提升了茶文化的传承与推广。在茶园节庆活动中，游客不仅能欣赏到茶叶的生长和制作过程，还能够亲身参与到一些传统的茶文化活动中，比如品茶、制茶、插茶艺术等。这样的活动对茶文化的传承和推广起到了积极的作用，让更多的人了解和喜爱茶文化，进一步扩大了茶文化的影响力。

茶文化节庆活动的举办对当地社会的凝聚力和认同感起到了积极的作用。茶园节庆活动不仅吸引了游客的关注和参与，同时也成为当地人民共同参与的大型社会活动。通过参与节庆活动，游客不仅能够深入了解当地的茶文化和风土人情，还能够与当地居民进行交流和互动，增进彼此间的了解和友谊。这样的互动和交流，促进了当地社区的凝聚力和认同感，形成了一个活跃、和谐的社会氛围。

茶文化节庆活动的举办对环境保护和可持续发展具有重要的意义。在茶园节庆活动中，茶农秉承着对自然的尊重和保护，注重生态环境的维护。他们通过种植茶树、保护水资源、采用有机农业等方式，努力在节庆活动中实现环境友好型的发展，推动了可持续发展的目标。这样的举措不仅能够保护和改善当地的自然环境，也为茶旅游的可持续发展奠定了坚实的基础。

二、茶旅游资源的开发

（一）开发茶旅游资源的意义

1. 经济意义

茶旅游资源开发可以促进就业和创造就业机会。茶园的建设和管理需要大量的劳动力，茶叶的采摘和加工也需要许多工人参与。茶旅游的发展不仅可以直接提供就业机会，还可以带动相关产业的发展，例如农民可以通过开设农家乐、销售土特产等获得收入。

茶旅游资源开发可以推动茶叶产业经济的发展。茶叶作为中国的特色农产品，茶旅游的发展可以增加茶叶的需求量，进而带动茶叶产业的发展。茶叶生产企业可以通过茶旅游吸引更多的游客，扩大销售渠道，提高产品的知名度和竞争力。随着茶旅游的兴起，茶文化的传承和推广也会得到更好的发展，提高了茶叶品牌的价值和影响力。

茶旅游资源开发还可以提升当地旅游业的收入和盈利能力。茶旅游的发展可以吸引更多的游客来到茶产区，增加旅游综合消费，包括住宿、餐饮、购物等。旅游业的发展对改善当地居民的生活水平、推动地方经济的繁荣具有重要意义。茶旅游还可以促进旅游资源的多元化，将其他资源与茶文化相结合，提供更多元化、差异化的旅游产品，增加旅游体验的丰富性和吸引力。

2. 社会意义

茶旅游资源开发能够改善地方社会的生活质量。茶旅游不仅能够提供就业机会，为当地居民提供更多的工作岗位，还可以提高当地居民的收入水平。茶旅游带来的经济收入不仅可以用于改善基础设施建设、提供社会福利，还可以用于发展教育、医疗等公共服务，提升当地社会的整体发展水平。茶旅游的发展还有助于传承和弘扬地方的历史文化，提高当地居民的文化素养，促进社会的文明进步和社会和谐。

茶旅游资源开发能够推动社会文化的交流与互动。随着茶旅游的兴起，越来越多的游客会从各地前来品味茶文化，这就为不同地域和不同文化背景的人们搭建了沟通的桥梁。在茶旅游的过程中，游客可以与当地居民深入交流，了解他们的生活方式、习俗和传统文化，增进彼此之间的了解和友谊。这种交流与互动不仅促进了社会的融合，也为了解和尊重不同文化提供了平台。

3. 文化意义

在茶旅游资源开发过程中，对茶文化传统的继承和保存起到了积极的作用。茶文化自古以来就是我们中华民族的瑰宝，它凝结了我们的历史、智慧和价值观。通过茶旅游资源的开发，我们能够让更多的人了解和体验传统的茶文化，增强对茶文化的认同感，从而促进茶文化的传承和发展。例如，在开发茶园景区时，可以融入传统的采摘、制茶和品茶活动，让游客亲身参与其中，体验到传统的制茶工艺和茶文化的独特魅力。

茶旅游资源开发对茶文化的传播起到了重要的推动作用。茶旅游不仅能够吸引国内游客，还能够吸引来自不同文化背景的外国游客。通过旅游活动，游客可以亲身感受到茶的独特魅力和文化内涵，从而对茶文化产生兴趣和好奇心。游客还可以将这些体验和认识通过各种渠道和方式传播出去，进一步扩大茶文化的影响力。因此，茶旅游资源开发不仅仅是为了满足游客的需求，更是为了将茶文化推向国际舞台，让更多的人了解和认识茶文化。

茶旅游资源开发的多元化使茶文化得到了更加全面和多样的发展。茶旅游涵盖了茶园景区、茶文化活动、茶道体验等多个方面，展现出了茶文化的各个层面和维度。这不仅仅有利于茶文化的多元传播，也有利于茶文化的创新和发展。例如，在茶旅游资源开发中，可以通过与其他文化元素的融合，打造出更具创意和个性化的茶文化体验项目，吸引更多的游客参与和体验。

（二）茶旅游资源开发的原则

1. 可持续发展原则

可持续发展原则是茶旅游资源开发的重要指导原则之一。在茶旅游资源开发过程中，必须考虑到经济、社会和环境的可持续性，以保证资源的长期利用和保护。具体来说，可持续发展原则包括以下几个方面。

茶旅游资源的开发需要符合经济可持续发展原则，即要注重资源的经济效益。茶产业作为重要的经济支柱，茶旅游资源开发应当以经济效益为导向，通过提高茶产业的附加值和市场竞争力，实现资源的可持续利用。同时，茶旅游资源开发应促进地方经济发展，带动就业增长和收入提高，从而提升茶产业在地方经济中的地位。

茶旅游资源的开发还需要注重社会可持续发展原则，即要考虑资源对社会的影响。茶旅游资源的开发应与地方文化、传统和社会价值相结合，兼顾公众利益和社区参与，推动社会和谐发展。茶旅游资源的开发应尊重当地居民的权益，保护他们的生活方式和文化传统，同时还要通过茶文化传承和教育，提高社会公众对茶文化的认同和认可。

茶旅游资源的开发必须遵循环境可持续发展原则，即要考虑资源对环境的影响。茶园、茶山和茶文化等资源的开发应重视生态环境保护，采取可持续利用的方式和方法，避免破坏现有生态系统和自然景观。茶旅游开发过程中应采取环境友好型产品设计和管理，减少对生态环境的负面影响，同时也要提高游客的环境保护意识和行为。

2. 文化保护原则

文化保护原则旨在保护和传承当地的茶文化。在茶旅游资源开发过程中，注重文化保护原则不仅可以增强当地文化的内涵，也能提升旅游产品的独特魅力，吸引更多游客的关注和参与。

文化保护原则要求保护和传承当地茶文化的历史和传统。茶文化作为当地的独特文化遗产，承载着丰富的历史和人文内涵。茶旅游资源开发应尊重和保护这些文化遗产，通过合适的方式将其融入旅游产品中。例如，在茶园景区中，可以设置茶叶制作工艺展示区，或是举办传统茶艺表演，让游客亲身感受和体验当地的茶文化。

文化保护原则要求保护当地茶文化的多样性。不同地区的茶文化因地理环境、气候条件、历史习俗等因素而产生差异，每个地方都有其独特的茶叶种植、制作、品尝方式。茶旅游资源开发应充分尊重和保护这种多样性，不应使各地的茶文化“千店一面”。在设计旅游线路和产品时，要突出当地茶文化的特色和个性，让游客领略到每个地方独有的茶文化风情。

文化保护原则要求与当地居民合作，促进茶文化的传承和发展。茶文化不仅是一个旅游资源，更是当地社区的生活方式和文化符号。茶旅游资源开发应积极与当地居民进行合作，让他们参与到茶文化传承和旅游发展当中。例如，可以组织茶叶采摘活动，让游客和当地居民一同参与，增进彼此的交流和理解，提升旅游体验的质量。

文化保护原则要求进行文化教育，提高游客对茶文化的认知和尊重。茶旅游资源开发不仅是满足游客的消费需求，更应该是一种对文化的传播和教育。通过设计合适的旅游解说、展示馆和互动体验项目，可以向游客传达茶文化的历史、精髓和价值，提升游客对茶文化的认知和尊重，形成良好的文化自觉。

3. 旅游需求导向原则

旅游需求导向意味着根据游客的需求和期望来进行资源开发和规划，以提供更满意的旅游体验。在茶旅游资源开发中，旅游需求导向原则可以帮助开发者更好地理解游客的需求，从而针对性地开发相应的旅游产品和服务。

旅游需求导向原则要求开发者深入了解目标游客的旅游需求。这包括对游客的个人特点、旅游意愿、兴趣爱好等方面的了解。只有真正理解游客的需求，才能有针对性地开发出适合他们的茶旅游产品。

旅游需求导向原则强调游客体验的重要性。茶旅游资源开发者要通过提供丰富多样、互动参与的体验活动，让游客在亲身参与中感受到茶文化的魅力。这可以通过茶叶采摘活动、茶艺表演、茶叶制作体验等形式来实现。只有让游客深度参与，才能满足他们对旅游体验的需求。

旅游需求导向原则注重个性化服务的提供。针对不同的游客需求，开发者可以提供个性化的旅游服务和产品。例如，对喜欢深度体验的游客，可以提供深度学习茶叶制作的机会；对追求休闲放松的游客，可以提供茶道表演和享受美味的茶点。

旅游需求导向原则也要求开发者密切关注市场变化和消费趋势。茶旅游资源开发是一个不断创新和适应市场需求的过程。通过对市场细分和目标消费群体的深入研究，开发者能够更好地把握市场动态，及时调整旅游产品和服务。

4. 地方特色原则

地方特色是茶旅游资源开发中的重要考量因素之一。茶产地的地理环境、气候条件、土壤状况等都与茶的品质和风味密切相关。因此，在茶旅游资源开发的过程中，凸显地方特色是必不可少的原则之一。

地方特色原则要求充分挖掘和展示茶产地的地理特点和自然风貌。茶山、茶园、茶树等自然景观是茶旅游资源的重要组成部分。通过修缮、保护和开发茶山茶园，使其成为茶旅游的独特景点，可以吸引更多游客前来欣赏。此外，茶山茶园的布局和设计应与具体茶品相关，展现不同茶品的独特风情。

地方特色原则也意味着要发掘和传承茶文化。茶文化是茶旅游资源的核心内涵之一，更是吸引游客的重要因素。通过建立茶文化博物馆、茶叶加工工坊等地方特色设施，可以向游客传达茶的历史、品质、饮法等知识，让游客更加了解和欣赏茶文化。同时，茶艺表演、茶道体验等活动也能够增加游客的参与感和互动性，提升茶旅游的吸引力。

地方特色原则要求茶旅游的服务和产品具有本地特色。在茶旅游开发中，应注重挖掘和开发本地的特色茶产品，如红茶、花茶等。将这些特色茶产品融入旅游服务和产品中，如推出茶文化体验套餐、茶叶品鉴活动等，将会为游客带来独特的体验和感受。此外，茶旅游中还可以推出茶叶制品、茶具纪念品等特色产品，满足游客购物和纪念的需求，提升茶旅游的经济效益。

地方特色原则也要求茶旅游的传播和宣传体现地方特色。通过地方特色的宣传策略，如传统媒体、互联网、社交媒体等多渠道的宣传手段，将茶旅游资源的独特魅力传递给更多的游客。同时，通过各类文化活动、展会等形式，将茶旅游与地方的特色文化相融合，进一步扩大茶旅游的影响力和知名度。

（三）茶旅游资源开发的策略

1. 市场定位策略

市场定位直接决定了市场需求和旅游产品之间的匹配程度。在制定市场定位策略时，需要充分了解目标市场的特点和需求，以便准确把握市场趋势和消费者心理。

进行市场调研的方法，包括定量和定性的调研方法。通过问卷调查、深度访谈、观察等方法，收集和分析市场数据，了解目标市场的人口特征、消费习惯、旅游偏好等信息。这些数据为制定市场定位策略提供了依据。

根据市场调研的结果，明确目标市场的定位点，即旅游产品在市场中的独特位置。例如，针对年轻人群体，可以将茶旅游定位为时尚、潮流和个性化的体验，注重与当地文化、艺术和设计的结合。而对老年人群体，可以将茶旅游定位为健康、养生和休闲的选择，注重提供舒适、安静的环境和服务。

在市场定位策略中，还需要考虑竞争对手的定位和差异化策略。通过分析竞争对手的产品特点、价值主张和市场份额，可以找到自己的差异化优势，从而在市场中脱颖而出。例如，如果周边地区已经有了主题茶园，则可以将茶旅游定位为深度参与式的体验，通过茶文化讲座、手工制茶等活动，吸引消费者的注意。

2. 产品创新策略

通过持续的产品创新可以吸引更多的游客，提升茶旅游的竞争力。在产品创新策略中，有几个关键的方面需要考虑。

要针对不同的市场需求进行细分，将茶旅游产品划分为不同的类型和定位。茶旅游的目标群体多样化，既有对传统文化感兴趣的中老年人，也有追求新奇体验的年轻人群体。因此，在产品创新时应根据不同的目标群体，设计出符合其需求的旅游产品，例如为年轻人设计更加刺激和互动性强的茶旅体验项目，为中老年人提供更加舒适和养生的茶旅休闲项目。

要注重茶文化的传承和创新。作为茶旅游资源开发的核心，茶文化的传承和创新是非常重要的。产品设计中应该充分考虑如何将茶文化元素融入其中，让游客能够更好地了解和体验茶文化。可以通过举办茶艺表演、茶叶加工体验等活动，让游客亲身参与其中，增加互动性和参与感。

要推动科技与茶旅游的结合创新。随着科技的不断进步，茶旅游产品开发也可以借助科技手段来提升体验和服务质量。例如可以引入虚拟现实技术，让游客感受到身临其境的茶园风光；利用互联网技术，提供在线预订、导览服务等便利功能。通过科技创新，可以更好地满足游客对茶旅游产品个性化、便利性和深度体验的需求。

要注重产品的可持续发展。茶旅游资源开发是一项长期的工作，要注重产品的可持续发展。在产品创新时，应考虑产品的环境可持续性、资源合理利用以及对当地社区和文化的尊重。只有在注重可持续性发展的基础上，才能够确保茶旅游产品的长期竞争力和市场价值。

3. 品牌建设策略

在茶旅游资源开发中，品牌不仅仅是一个名称或标志，更代表着一个企业、一个地区的形象和价值。品牌的建设将直接影响到茶旅游资源的吸引力和市场竞争力。

要注重塑造独特的品牌形象。在茶旅游资源开发过程中，每个地区都有自己独特的茶文化和旅游资源。因此，在品牌建设中应凸显地方特色和独特性，将其作为品牌的核心元素，以吸引更多游客和消费者。

要注重品牌的文化内涵。茶旅游资源开发不仅仅是为了提供一种产品或服务，更要传达特定的文化价值观和体验。因此，在品牌建设中，应该注重挖掘茶文化的内涵，将其融入品牌中，使游客在旅游过程中能够亲身体验到丰富的茶文化。

在品牌建设策略中，品牌推广也是一个重要环节。通过各种媒体渠道，如广告、宣传片、网络推广等，将品牌形象和文化传播给更多的人群。同时，要注重与相关行业和机构的合作，共同打造茶旅游品牌，形成品牌联动效应，提升品牌的知名度和美誉度。

品牌建设也要注重消费者体验。茶旅游资源开发的目标是为游客提供独特的体验和愉悦的旅游感受。因此，在品牌建设中应注重提升客户服务水平，为游客提供个性化、便捷的服务。只有让消费者感受到品牌的价值和魅力，才能建立起良好的品牌形象和口碑。

4. 营销推广策略

为了有效地开发茶旅游资源，实现茶旅游的可持续发展，营销推广策略起着重要的作用。在茶旅游资源开发中，营销推广策略可以帮助提升茶旅游产品的知名度和吸引力，吸引更多的游客参与茶旅活动。

针对不同的目标市场和受众群体，制定差异化的营销推广策略是必要的。根据市场定位和目标市场的特点，可以选择多种推广渠道和工具，如利用互联网和社交媒体平台进行宣传推广，定期组织茶旅节展会等活动，与旅行社和景区进行合作等。通过精准的市场定位和差异化的推广方法，可以提高茶旅游产品在市场上的曝光率，吸引更多的游客关注和参与。

营销推广策略应注重市场的反馈和效果评估。及时跟踪市场反馈，了解游客的需求和反馈意见，并据此进行相应的调整和优化。定期评估推广活动的效果和成果，通过数据分析和市场调研等方式进行量化评估，为后续的推广工作提供有效的参考和指导。

第三章　茶文化与茶旅游的融合

第一节　茶文化与茶旅游融合的理论基础

一、文化旅游理论

（一）文化旅游理论的定义与内容

文化旅游理论是研究旅游活动中文化元素与旅游体验相互关系的学术理论。它强调旅游活动不仅是为了满足人们的休闲娱乐需求，更重要的是通过探索和体验当地的文化传统、历史遗迹、风俗习惯等，使旅游者对目的地的文化有更深入的了解和体验。

文化旅游理论的主要内容包括以下几个方面。首先，它强调文化作为旅游的核心元素。它认为旅游不仅是对自然风光的观赏和享受，更是一种对文化的认知和体验。其次，文化旅游理论强调旅游体验的重要性。旅游不仅是一种行为，更是一种体验。文化旅游理论倡导旅游者要通过亲身参与、感受和交流来获得真实的体验，而不是简单的观看和采样。再次，文化旅游理论还强调旅游与文化的可持续发展之间的关系。它认为旅游活动应该在保护和传承目的地文化的同时，促进当地经济的发展和社会的进步。最后，文化旅游理论提出了跨界融合的思路和方法，认为旅游活动应该超越传统的界限和限制，与其他领域进行融合，创造出新的旅游产品和体验。

（二）文化旅游理论在茶旅游中的实践

在茶文化与茶旅游融合的过程中，文化旅游理论起着重要的作用。文化旅游理论是指将旅游与文化有机结合，通过旅游活动来传播和弘扬文化的理论。茶旅游作为一种特殊的文化旅游形式，借助文化旅游理论的指导和倡导，得以在传承茶文化的同时，为参与者提供独特的旅游体验。

文化旅游理论要求旅游活动必须具有深度和内涵。这一要求与茶旅游的核心价值相契合。茶文化作为中国传统文化的重要组成部分，源远流长，有着丰富的内涵和深厚的底蕴。茶旅游的目的不仅是提供消费者与自然环境的亲密接触，更重要的是让他们深入了解茶文化的精髓，以及茶叶的栽培、制作和品鉴过程。通过深度的旅游体验，游客可以进一步感受到茶文化的独特魅力，提高对茶文化的认知和理解。

文化旅游理论强调游客的参与和互动体验。在茶旅游中，茶文化与游客之间的互动是至关重要的。文化旅游理论倡导游客参与文化活动的过程中，与文化元素进行深入交流和互动。在茶旅游中，游客可以参观茶园，亲手采摘茶叶，参与茶叶的制作过程，乃至亲自品尝新鲜的茶汤。通过亲身参与，游客能够更加全面地了解茶文化，并与之产生情感共鸣。茶文化与游客之间的互动体验不仅提升了旅游的参与度和趣味性，更使茶文化得以传承和发展。

文化旅游理论鼓励旅游活动与社区和地方经济的发展相结合，实现可持续发展。茶旅游的发展离不开茶产业的支持，茶产业的繁荣也离不开茶旅游的推动。文化旅游理论倡导开展可持续发展的旅游活动，使之与当地社区及地方经济相互紧密结合。在茶旅游中，可以通过开展专业的茶叶培训课程，吸引更多的游客来参与，提升茶叶的销售和知名度。与此同时，茶旅游还可以刺激茶园、农家乐、旅游酒店等相关产业的发展，促进当地经济的繁荣。

（三）文化旅游理论推动茶文化与茶旅游融合的路径

文化旅游理论强调了旅游活动中的文化体验。茶文化作为中国独特的文化符号，具有浓厚的历史、文化底蕴和独特的仪式感。通过引入文化旅游理论，茶旅游强调了参与者与茶文化的互动和感知。通过参与感性的茶文化体验，游客能够更加深入地了解、参与和体验茶文化，从而形成对茶文化的认同和理解。

文化旅游理论倡导旅游活动的可持续发展。茶文化与茶旅游的融合需要有长远的发展规划和策略，以确保其可持续性。文化旅游理论关注的不仅仅是经济效益，更注重对社会、环境的影响以及对文化遗产的保护。在推动茶文化与茶旅游融合的过程中，必须考虑到社会、环境和文化的可持续发展，使茶文化与茶旅游的融合能够长久地发展下去。

文化旅游理论还强调了跨界融合的重要性。茶文化与茶旅游的融合不仅仅是茶业和旅游业之间的结合，还需要结合其他相关领域，如文化艺术、设计、传媒等。通过跨界融合，茶文化与茶旅游可以得到更多的创新和生发力。文化旅游理论在这方面提供了启发，鼓励茶业和旅游业之间的合作与交流，同时也能够吸引其他领域的参与，实现茶文化与茶旅游的多元化和融合。

二、体验经济理论

（一）体验经济理论的定义与内容

体验经济理论，作为一种重要的经济学理论，强调了个体在消费过程中所获得的主观体验和情感价值。它从消费者的角度出发，关注的是消费者在购买和使用产品或服务时所获得的非物质满足感和享受感。体验经济理论认为，传统的经济学分析仅仅将消费视为经济行为的一部分，而忽视了消费者的情感体验和主观感受。

体验经济理论的主要内容包括三个方面。首先，它强调了消费者对产品或服务的感受和情感体验的重要性。消费者不仅仅关注产品和服务的功能和质量，更关注其给予自己的情感体验和所带来的愉悦感。其次，体验经济理论提出了消费者参与程度对体验品质的影响。消费者在参与产品或服务的设计、生产和使用过程中，能够获得更加丰富和满意的体验。最后，体验经济理论强调了感知和情感价值的重要性。产品和服务不仅仅要满足消费者的实际需求，更要在情感上触动和激发他们的共鸣。

（二）体验经济理论在茶旅游中的实践

体验经济理论作为一种新兴的经济理论，在茶文化与茶旅游的融合中起到了重要的引导作用。茶旅游作为一种结合了旅游和茶文化体验的新型旅游形式，在体验经济理论的指导下逐渐得到了广泛的发展和应用。

体验经济理论强调消费者对体验的需求，提倡通过提供独特且有趣的体验来吸引游客。茶文化源远流长，在茶叶的生产、制作、品评等各个环节中蕴含着丰富的文化内涵。在茶旅游中，可以安排游客参观茶园，参与茶叶的采摘过程，并且让他们亲手制作茶叶，体验到茶文化的传承和发展。此外，还可以通过茶艺表演、品茶会、茶文化讲座等形式，让游客亲身体验到茶文化的魅力，感受到茶文化与生活的紧密联系。

体验经济理论提倡借助互联网和现代科技手段，打造创新的茶旅游体验。在信息技术的发展下，茶旅游可以与虚拟现实、增强现实等技术相结合，为游客打造沉浸式的茶文化体验。通过虚拟现实技术，游客可以身临其境地参观名茶的产地，并了解茶叶的原产地、制作工艺等相关知识；通过增强现实技术，游客可以在茶园中与虚拟的茶农互动，了解茶叶的生长过程。这样的创新体验方式不仅丰富了茶旅游的内容，也提高了游客对茶文化的认知和参与度。

体验经济理论还提倡通过与其他相关产业的跨界合作，为茶旅游带来更丰富的体验。茶文化与音乐、艺术、文学等领域有着密切的联系，可以与这些领域的艺术家、作家等进行合作，举办茶文化艺术展览、茶文学沙龙等活动。通过跨界合作，茶旅游可以融入更多元化的文化元素，为游客提供更丰富、更多样化的体验。

（三）体验经济理论对茶文化与茶旅游融合的影响

在茶文化与茶旅游融合的过程中，体验经济理论的应用可以为茶文化的传承和茶旅游的发展提供一种新的思路。

体验经济理论提倡在体验过程中激发消费者的兴趣和需求。通过提供差异化的产品与服务体验，可以激发消费者对茶文化与茶旅游的兴趣和需求。例如，可以设计独特的茶园体验活动，让游客参与到采茶、制茶的过程中，亲身感受茶叶的种植和加工过程，增强对茶文化的认知和理解。

体验经济理论提倡个性化的需求满足，可以在茶文化与茶旅游融合中满足不同消费者的需求。茶文化与茶旅游的融合可以根据不同消费者的喜好和需求来设计，如提供传统的茶文化体验、现代的茶艺表演、茶道体验等，让消费者根据自己的兴趣选择参与。

体验经济理论还注重在体验过程中激发消费者的情感参与和互动。在茶文化与茶旅游融合的过程中，可以通过与游客的互动交流、参与活动等方式，激发消费者的参与欲望与积极性。例如，可以组织茶艺表演交流活动，让游客与茶艺师互动学习，亲身体验茶艺的魅力，增强消费者的情感认同。

体验经济理论还可以促进茶文化与茶旅游的可持续发展。体验经济理论强调消费者对体验的满意度和感知价值，通过提供优质的体验服务，可以增强消费者对茶文化和茶旅游的忠诚度，从而促进茶文化与茶旅游产业的可持续发展。

三、可持续发展理论

（一）可持续发展理论的基本原则

1. 资源利用的可持续性原则

茶文化与茶旅游融合需要依赖于茶叶资源以及相关的人文、自然资源。在实施过程中，必须保证茶叶资源的可持续利用，避免滥伐滥砍等对资源造成过度开发的行为，推动茶园的生态环境保护，保持资源的可持续性。

2. 经济发展与社会公平的协调原则

茶文化与茶旅游融合既要促进地方经济的发展，又要关注社会公平。在实践中，需要兼顾经济效益与社会效益，合理利用茶文化与茶旅游带动经济增长的同时注重公平分配、人员培训和社会福利的提升，确保茶文化与茶旅游融合的效果能惠及更广泛的社会群体。

3. 环境保护与生态可持续性的原则

茶文化与茶旅游融合要求在提供服务的同时保护环境、维护生态平衡。实践中，必须注重生态破坏的防止和修复，促进茶叶生产与旅游活动的环境友好型发展，确保茶园的生态健康和保护区域的生态相容性。

4. 文化传承与创新的原则

茶文化与茶旅游融合旨在传承茶文化的价值与精神内涵，同时也需要注入新的元素与活力。在实施过程中，需要重视传统文化的保护与传承，保持连续性和稳定性的同时，结合当代社会的需求与创新思维，注重茶文化与茶旅游的融合创新，以适应现代社会的变化和需求。

（二）茶旅游的可持续发展实践

在可持续发展理论的指导下，茶旅游在经济、社会和环境三个方面进行了有力的推动和实践。

茶旅游的经济可持续发展实践体现在经济效益的提升和多元化的产业联动。茶旅游不仅通过茶叶生产和销售带动了当地茶产业的发展，还为茶园周边的民宿、特色餐饮、手工艺品等产业提供了发展机会。茶旅游的发展不仅促进了当地经济的增长，还创造了更多的就业机会，提高了居民的收入水平。

在社会可持续发展方面，茶旅游实践注重文化价值的传承、社区参与和公众参与。通过举办茶文化展览、茶艺表演和茶文化讲座等活动，茶旅游为游客提供了了解和体验茶文化的机会，同时也为茶文化传承人提供了展示自己才华的平台。茶旅游在社区发展的过程中，积极与当地居民合作，鼓励他们参与到茶旅游的经营和管理中，增加了当地居民的归属感和参与感。

茶旅游的环境可持续发展实践主要体现在生态环境的保护和资源的合理利用。茶旅游区在开发过程中，注重生态环境的保护，采取合理的生态规划和管理措施，避免对自然环境造成破坏。同时，茶旅游也鼓励游客在参观过程中保持环境的整洁，如不随地乱扔垃圾、注意节约用水等，形成了良好的环境保护意识。

（三）可持续发展理论对茶文化与茶旅游融合的推动

可持续发展理论鼓励在茶文化与茶旅游的融合实践上注重环境保护与资源的合理利用。茶文化的传承与发展需要生态环境的良好保护，而茶旅游作为茶文化的载体，也必须在保护自然环境的前提下进行。因此，可持续发展理论要求茶文化与茶旅游的融合实践必须注重减少对生态环境的破坏，采取可持续利用资源的方式来满足人们对茶文化与茶旅游的需求。

可持续发展理论促使茶文化与茶旅游融合实践注重社会责任的履行。茶文化作为一种具有深厚历史和丰富内涵的文化形式，传承和发展的过程必然要与社会的需求和利益相结合。而茶旅游作为茶文化的推广和传播手段，也要承担起社会责任，通过提供就业机会、保护当地传统文化等方式，为社会经济的繁荣和稳定做出贡献。可持续发展理论强调了经济、社会和环境的整合，要求茶文化与茶旅游的融合，应该注重社会利益的最大化和社会问题的解决。

可持续发展理论鼓励茶文化与茶旅游的融合实践在经济方面持续发展。茶文化与茶旅游的融合不仅仅是一种文化形式的传递，更是一个旅游产业的发展过程。可持续发展理论要求在茶文化与茶旅游的融合中，要注重经济效益的实现。通过开发具有特色的旅游产品，提供优质的服务，提升茶文化与茶旅游的知名度和影响力，从而实现旅游业的增长和茶产业的发展。

四、跨界融合理论

（一）跨界融合理论的内涵与特性

跨界融合理论是一种在不同领域之间进行交叉、融合和创新的理论框架。它强调不同领域之间的互动和合作，旨在促进跨学科的交流和知识转移。在茶文化与茶旅游融合的背景下，跨界融合理论的运用不仅可以促进茶文化与旅游业的深度融合，还可以激发创新思维和提高旅游产品的竞争力。

跨界融合理论的首要特性是多领域融合。茶文化和旅游业都是涉及多个领域和学科的。茶文化涉及农学、历史学、文学、艺术等多个领域，而旅游业则涉及地理学、经济学、管理学等多个领域。跨界融合理论的内涵就是将这些领域的知识和经验进行整合与创新，以达到茶文化与旅游业的有机融合。

跨界融合理论强调体验与创意的结合。在茶文化与茶旅游融合的过程中，通过创造具有独特体验的旅游产品，可以吸引更多的游客和消费者。跨界融合理论鼓励创意和创新的实践，帮助茶文化与旅游业在产品设计、体验营销等方面展现独特性，增加游客的参与和共鸣。

跨界融合理论也强调可持续性发展。茶文化与旅游业的融合需要考虑社会、经济和环境的可持续发展。跨界融合理论提倡在茶旅游的发展中注重对生态环境的保护，促进当地社区的参与和共享，实现经济效益与社会效益的良性互动。

（二）跨界融合理论在茶旅游中的应用

跨界融合理论可以促进茶文化与旅游资源的有效整合。茶文化作为一种独特的文化资源，拥有悠久的历史和丰富的内涵。通过跨界融合理论的应用，旅游资源可以更好地与茶文化相结合，形成独具特色的旅游产品。例如，茶园景区可以结合茶文化元素，打造茶文化体验区域，让游客在欣赏美景的同时深入了解茶文化的魅力。

跨界融合理论可以推动茶文化与旅游产业的互动与创新。通过将茶文化与旅游产业进行跨界融合，可以促进双方资源的有效互补与融合。茶文化的传统与独特性可以为旅游产业注入新鲜的元素，提升旅游产品的独特性与吸引力。旅游产业的市场化运作和创新能力也可以为茶文化注入新的活力。例如，通过茶旅游的创新模式，如茶文化体验旅游、茶文化主题民宿等，可以为茶文化注入新的活力与发展动力。

跨界融合理论可以推动茶文化与旅游产业的可持续发展。跨界融合理论倡导资源共享和协同发展，通过茶文化与旅游产业的跨界合作，可以实现资源更加有效地利用，减少资源浪费和环境破坏。例如，在茶旅游中，可以将茶产业与旅游产业进行有机结合，促进茶产业的绿色发展和旅游业的可持续发展，以实现经济效益、社会效益和环境效益的有机统一。

（三）跨界融合理论对茶文化与茶旅游融合的推动

跨界融合理论的应用促进了茶文化与茶旅游的多元化发展。传统上，茶文化与茶旅游往往是被分割、独立发展的，缺乏相互渗透与互动。而通过跨界融合理论的引入，不同领域的专业知识和技术被融入茶文化与茶旅游中，丰富了茶文化与茶旅游的内涵。例如，将艺术、音乐等元素融入茶旅游中，为游客提供了更加独特的体验，增加了茶文化的吸引力。

跨界融合理论的应用促进了茶文化与茶旅游的创新发展。传统的茶文化与茶旅游往往停留在固定的模式与形式中，缺乏创新与更多的可能性。而跨界融合理论的提出，将不同行业的创新思维与方法引入茶文化与茶旅游中，推动了创意与创新的发展。例如，将科技与茶旅游相结合，利用虚拟现实技术打造沉浸式的茶文化体验，提供更加个性化、趣味化的旅游体验。

跨界融合理论的应用促进了茶文化与茶旅游的可持续发展。跨界融合理论强调资源整合与协同合作，使茶文化与茶旅游得以更加全面、均衡地发展。不仅仅是单一的茶叶生产与茶文化传承，还将茶产业的发展、茶旅游的推广与市场需求有机结合，形成了一个相互促进、可持续发展的良性循环。这种融合与协作的发展模式不仅有利于推动茶文化与茶旅游的发展，也有助于推动当地经济的繁荣与社会的进步。

第二节 茶文化与茶旅游融合的策略与措施

一、政策支持和引导

（一）政策背景及其影响

政策背景是指国家或地方政府出台的相关政策或法规，这些政策的制定对茶文化与茶旅游的发展起到了重要的引导和推动作用。

近年来，中国茶文化和茶旅游都得到了快速发展，成为重要的文化产业和旅游资源。为了更好地促进茶文化与茶旅游的融合，国家和地方政府出台了一系列政策措施，以支持和引导这一融合过程的发展。

国家政府将茶文化与茶旅游纳入了文化和旅游产业发展战略规划中。通过制定相关政策，政府鼓励和引导企业和机构开展茶文化和茶旅游的相关活动，并为其提供相应的支持和保障。

地方政府也积极响应国家政策，通过出台各种具体的支持措施，鼓励和促进茶文化和茶旅游的发展。例如，在茶产区，政府会提供专项补贴、项目资金扶持等政策支持，以吸引更多茶企和旅游机构参与到茶文化与茶旅游融合的过程中。

这些政策的出台和实施，对茶文化与茶旅游的发展产生了积极的影响。政策的支持和引导为茶文化与茶旅游融合提供了有力的政策基础。茶企和旅游机构在政策的引导下，更加积极地开展茶文化活动和茶旅游项目，推动了两者深度融合的进程。

政策的实施也有效地提升了茶文化与茶旅游融合的质量和水平。政府的政策支持和资金扶持，为茶文化与茶旅游融合的项目创新和服务提升提供了强有力的保障。茶企可以通过政府的支持，不断推陈出新，推出更具特色和吸引力的茶文化产品和茶旅游线路，提升了茶文化与茶旅游的市场竞争力。

（二）政策对茶文化与茶旅游融合的作用

在政策的引导下，茶文化与茶旅游得以有效结合，相互促进，形成良性互动。政府加大了对茶文化和茶旅游的宣传和推广力度，使更多的人了解和认同茶文化的重要性，并在旅游活动中有机会体验融合的茶文化。

政策对茶旅游的发展提供了有力支持，为茶文化振兴和旅游产业发展提供了新机遇。政府给予茶旅游行业税收和财政支持，引导茶产业向旅游业转型，推动茶文化与旅游产业实现双赢。

政策的推动也为茶文化和茶旅游的融合提供了合作平台和资源保障。政府组织各级部门和相关企业联合起来，共同打造茶文化与茶旅游融合的品牌，提供统一的服务标准和管理体系。

（三）政策的实施策略

政府加大了对茶文化和茶旅游的政策支持力度。通过出台各项优惠政策和经济扶持措施，政府引导和鼓励各类机构和企业积极参与茶文化与茶旅游的合作与发展。比如，给予茶企税收优惠政策，提供资金支持茶文化和茶旅游项目的开展，为从事茶旅游的导游和从业人员提供培训补贴等。这些政策的出台可有效地激发茶文化与茶旅游的活力与创新。

政府大力推动茶文化和茶旅游行业间的合作与资源整合。政府通过组织茶文化和茶旅游行业的交流研讨会、座谈会和论坛等活动，促进各方共享信息、加强合作，并通过政策引导行业间信息共享和资源整合。政府还鼓励各类机构和企业联合开展茶文化和茶旅游项目，打造合作共赢的发展模式。这些举措为茶文化与茶旅游融合提供了有力的支持和保障。

政府着力推动茶文化和茶旅游的产品创新。政府鼓励企业通过创新方式和手段，开发茶文化与茶旅游相关的产品和服务，满足不同游客的需求。比如，在茶旅游线路规划中加入茶文化体验的活动，开发茶文化衍生品，推出茶叶文化展览，举办茶文化讲座等。政府也加强对产品的监管与评估，确保茶文化和茶旅游产品的品质和安全性。

政府强调对茶文化与茶旅游服务提升的重视。政府通过加强对从业人员的培训和指导，提高茶文化和茶旅游工作人员的专业素质与服务水平。政府还推动茶文化与茶旅游场所的改善，完善茶文化展示设施和茶旅游服务设施，提升游客的体验感和满意度。

二、行业合作与资源整合

（一）行业合作的重要性

行业合作可以实现资源的共享和整合。茶文化和茶旅游的发展需要依托各类资源，包括茶园、茶叶加工设施、茶文化研究机构、旅游景点等。通过行业合作，各个资源拥有方可以进行资源整合，形成完整的茶旅游产品链条。例如，茶园可以与旅游景点合作，将茶园打造成旅游景点，让游客可以亲身体验采茶和制茶的过程，进一步深入了解茶文化。

行业合作能够实现经验的共享和互学互鉴。茶文化和茶旅游是一个交叉领域，需要涉及茶知识、旅游策划、服务管理等多个方面的专业知识。各个参与方可以通过合作，分享彼此的经验和专业知识，互相学习，共同提升茶旅游产品的水平和品质。例如，茶文化研究机构可以与旅游策划公司合作，共同研发茶旅主题活动，将茶文化与旅游体验相结合，创造更具吸引力的茶旅游产品。

行业合作可以实现共同市场开拓和营销推广。茶文化和茶旅游的融合需要更多的市场认可和推广。各个参与方可以共同策划营销活动，开展联合推广，共同打造茶文化与茶旅游品牌。例如，茶叶企业可以与旅行社合作，举办茶文化主题旅游活动，吸引更多的游客前来参与，同时推广茶叶产品。

（二）资源整合策略

资源整合的思路是通过搭建联盟机制，将茶文化和旅游业者进行有机融合。这可以通过建立合作联盟、组织行业交流会议等方式来实现。例如，茶园和旅游景区可以合作推出茶园旅游产品，茶艺师和导游可以联合开展茶文化体验活动。通过这样的合作方式，旅游业者能够借助茶文化的魅力来吸引游客，茶文化也能够得到更广泛的传播和宣传。

资源整合还离不开政府的支持和引导。政府部门可以出台相关政策，促进茶文化与旅游业的融合发展。例如，可以提供专项资金支持茶文化旅游项目的开展，制定相关法规和标准，引导茶园和旅游景区进行合作。政府还可以加强与相关行业协会和机构的沟通和合作，共同推动茶旅游的发展，实现资源的共享和整合。

针对资源整合的具体策略，应注重培养专业人才，加强人才交流和培训。茶文化与旅游业的融合需要有一批既懂茶文化又懂旅游管理的专业人才来支撑，他们既了解茶文化的内涵，又具备旅游市场的经营和推广能力。因此，相关部门应加大对茶文化旅游人才的培养力度，吸引更多的人才投身于茶旅产业，促进产业的健康发展。

可以通过整合相关资源来推动茶文化和旅游业的融合。茶旅游资源包括茶园、茶文化馆、茶博物馆等，这些资源可以与旅游业者进行合作，共同开发茶旅游产品。例如，茶博物馆可以与旅游景区合作推出主题展览，茶园可以与旅游公司合作开展茶叶采摘活动。通过这样的整合，不仅可以提升游客的体验和满意度，也能够有效利用茶旅游资源，实现多方共赢。

（三）茶旅游资源的整合实施

建立有效的合作机制是茶旅游资源整合的核心。各茶旅企业、旅游景区、文化机构以及相关政府部门应建立起紧密合作的联盟，共同制定合作规则和参与机制。在资源整合过程中，合作伙伴之间应互相协调与配合，共同推动茶文化与茶旅游的融合发展。

资源整合的目标是实现茶旅游资源的优化配置。借鉴国内外茶旅游资源整合的成功案例，各地茶旅企业可以进行资源优势评估和需求分析，明确各自的特色和定位，进而寻找资源互补的机会。通过积极开展合作交流，在推动资源整合的过程中实现资源的互通共享，提高茶旅游产品的品质和竞争力。

在整合实施过程中，茶旅游资源的多样性也是需要充分重视的因素。茶叶种植基地、茶文化馆、茶道体验中心等不同类型的茶旅游资源应有机地结合起来，形成提供全方位茶文化体验的旅游产品。例如，可以将茶园与旅游景区相互联结，让游客在品味香茶的同时，也能欣赏到优美的自然景观。此外，还可以将茶文化的展示与茶旅游产品的推广相结合，通过举办茶艺表演、品茶大赛等活动，吸引更多游客的参与。

为了提升茶旅游资源整合实施的效果，服务质量的提升也是至关重要的一环。各茶旅企业应注重人才培养，加强员工的服务意识和技能培训，提供优质的茶旅服务。在茶旅游资源整合的推进中，注重游客的体验和反馈，及时调整和改进服务内容，不断提升游客的满意度和忠诚度。

三、产品创新

（一）茶旅游产品创新的必要性

1. 茶旅游产品创新可以提升游客的体验和满意度

旅游市场竞争日益激烈，游客对旅行的期望也在不断提高，简单地游览茶园和品茶已经不能满足他们的需求。通过创新茶旅游产品，如开发主题化、体验化的活动，提供具有教育性、互动性和参与性的体验，可以带给游客更加深入、丰富和有意义的旅行体验，从而提高游客的满意度和黏性。

2. 茶旅游产品创新能够拓展茶旅业的市场空间

传统的茶旅游产品往往有一定的局限性，只能吸引特定的游客群体。通过创新，可以开发针对不同游客需求的差异化产品，拓展目标市场。例如，针对喜欢探索农村生活的游客，可以开发体验茶农采茶、亲自制作茶叶的产品；针对喜欢文化交流的游客，可以开展茶道表演、茶文化讲解等活动。这样一来，不仅可以吸引更多游客参与茶旅活动，也能够满足不同游客的需求，提高茶旅业的盈利能力。

3. 茶旅游产品创新有助于传承和弘扬茶文化

茶文化是中国的传统文化之一，具有悠久的历史和独特的内涵。通过创新茶旅游产品，可以将茶文化融入旅游活动中，让游客在游玩的同时了解茶的制作工艺、茶的分类以及茶叶的历史渊源，进一步传承和弘扬茶文化。茶旅游产品创新还可以促进茶艺师的培养和传承，推广茶文化，提升茶艺师的职业地位，为茶文化的发展注入新的活力。

（二）茶旅游产品创新路径

1. 茶旅游产品的创新应该基于对市场需求的准确把握

市场是茶旅游产品创新的源泉，只有深入了解市场的需求，才能有针对性地进行创新。可以通过市场调研、消费者反馈等方式收集市场需求的信息，分析消费者的喜好和偏好，挖掘市场的潜在需求，从而为茶旅游产品创新提供有力支持。

2. 茶旅游产品创新需要依托科技的支持

科技的不断进步为茶旅游产品的发展提供了更多的可能性。可以运用先进的科技手段如虚拟现实、增强现实等技术来打造沉浸式的茶旅体验，通过数字化、智能化的手段提升产品的品质和竞争力。科技的创新也可以为茶旅游产品的生产过程提供更加高效、智能化的解决方案。

3. 茶旅游产品创新需要加强企业之间的合作

茶文化与茶旅游的融合需要各个环节的企业紧密合作，共同推动产品的创新。可以通过组建联合研发团队、开展合作研讨会等方式，促进企业之间的交流与合作，共享知识与资源。合作可以促进知识的传播与创新的碰撞，拓宽创新的思路与视野，为茶旅游产品的创新提供更多的可能性。

4. 茶旅游产品创新需要关注实施与效果的监测和评估

创新是风险与机遇并存的过程，需要时刻关注创新的实施效果。可以通过数据分析、市场反馈、用户评价等方式对创新产品进行监测和评估，及时发现问题和不足，进行调整和改进；同时，还可以通过开展创新案例研究、经验分享等方式，推动茶旅游产品创新的持续发展。

（三）茶旅游产品创新模式

在茶文化与茶旅游融合的过程中，茶旅游产品的创新模式起到了重要的推动作用。茶旅游产品创新模式的设计需要考虑茶文化与旅游体验的完美结合，以及在满足游客需求的同时创造经济效益。

1. 打造富有特色的主题茶旅游产品

在这种模式下，茶文化成为产品的核心元素，为游客提供独特的茶文化体验。可以借助茶园、茶文化传承基地等资源，建立起具有独特魅力的茶旅景点。例如，在景区内设置茶艺表演场所，游客不仅可以欣赏到精彩的茶艺表演，还可以亲自参与其中，学习茶艺技巧。这种创新模式通过将茶文化融入旅游体验中，提供了独特且有趣的旅游产品，吸引了更多游客的关注和参与。

2. 运用信息技术提升茶旅游产品的体验价值

随着互联网技术的快速发展，信息技术在旅游行业的应用也越来越广泛。在茶旅游产品创新中，可以结合信息技术，为游客提供更便捷、多样化的服务。例如，可以通过开发旅游软件或者网站，为游客提供茶旅游线路推荐、预订、导航等功能。同时，还可以利用虚拟现实技术，打造逼真的茶园体验，让游客感受到置身其中的真实感。这种创新模式通过运用信息技术，提升了茶旅游产品的互动性和个性化，提供了更丰富的体验价值。

3. 打造跨界合作的创新模式

茶文化与其他旅游资源的结合，可以为游客提供更多元化的体验。例如，在茶旅景区内可以设立民宿、艺术展览等，与茶文化相辅相成。也可以与植物园、博物馆等合作，共同打造丰富的旅游内容。这种创新模式不仅能够丰富茶旅游产品的内涵，还能为游客提供更多选择，满足不同需求的游客群体。

（四）茶旅游产品创新的实施与效果

茶旅游产品创新的实施需要建立起一个全方位、多层次的产品创新体系。这包括从茶产地到旅游目的地的全链条创新，从茶叶种植到茶艺表演等环节的创新，以及从线下体验到线上推广的全方位创新。通过构建这样一个完整的创新体系，茶旅游产品可以更好地满足不同消费者的需求，实现创新和个性化定制的双赢。

茶旅游产品创新的实施可以从产品内容、产品形式和产品服务等方面展开。在产品内容上，可以通过融合茶文化元素，打造独特的茶旅主题，例如茶园观光、茶席体验等。在产品形式上，可以结合现代科技手段，开发出虚拟现实、增强现实等创新体验，增加游客的参与感和互动性。在产品服务上，可以借鉴其他旅游领域的成功经验，提供个性化、定制化的服务，增强茶旅游产品的吸引力和竞争力。

茶旅游产品创新的实施还需要行业合作和资源整合。茶旅业作为一个综合性的产业链条，各个环节的合作和资源整合是实施创新的关键。例如，茶叶生产企业可以与旅游企业合作，共同开发茶旅游产品；旅游企业可以与茶艺师、茶道家等专业人才合作，提供更专业的服务。通过行业合作和资源整合，可以将各种资源优势有效整合起来，推动茶旅游产品创新的实施。

茶旅游产品创新的有效实施可以带来多方面的效果。一方面，创新的产品将带来更好的体验和服务，满足游客的多元化需求，提升茶旅游产品的市场竞争力。另一方面，创新的产品还能够增加茶旅业的附加值，促进茶产业经济发展，带动茶农的收入增长。此外，茶旅游产品创新还可以促进文化传承与推广，推动茶文化的传统与现代相结合，在国内外茶文化交流中起到积极的推动作用。

四、服务提升

（一）服务提升的重要性

1. 服务提升可以提高游客的体验感受

在茶旅游中，游客往往期待能够亲身感受到茶文化的独特魅力，通过提供优质的服务，可以为游客打造一个舒适、愉悦的旅游环境，使他们更好地融入茶文化的氛围中。良好的服务体验不仅可以满足游客的需求，还能够留下深刻的印象，使他们乐于推荐给亲友，进一步促进茶旅游的传播和发展。

2. 服务提升有助于提高行业竞争力

茶旅游市场竞争激烈，各个旅游目的地都在争夺游客的青睐。而提供优质的服务能够让目的地脱颖而出，吸引更多的游客前来参与茶文化的体验。通过提升服务质量，可以赢得游客的口碑和信任，树立行业的良好形象，吸引更多的游客选择茶旅游，提升整个行业的竞争力。

3. 服务提升可以提高游客的满意度和忠诚度

茶旅游不仅是一次简单的旅行，更是一次对文化、历史和人文的探索。游客希望能够得到更多的独特体验和专业的指导。通过提供个性化、差异化的服务，可以满足游客的多样化需求，增加他们的满意度。良好的服务还能够增加游客的热衷程度，使他们更愿意选择茶旅游，并进行重复消费，对目的地形成较强的黏性。

（二）服务提升的路径

1. 要加强人才培养和队伍建设

培训和提高从业人员的服务技能和沟通能力非常重要。他们需要具备专业知识，能够向游客传递茶文化的内涵，同时还要具备良好的沟通能力，能够与游客建立良好的互动和关系。建立专业的客户服务团队，提供优质的服务，对游客进行细致入微的关怀和照顾，给予他们宾至如归的感受。

2. 要加强信息化建设

通过建立茶旅游平台等信息化工具，提供方便快捷的预订服务、线上导览和交互体验等功能，使游客在茶旅游过程中能够方便地获取相关信息、安排行程和参与互动。还可以通过互联网和社交媒体平台进行宣传推广，增加茶文化与茶旅游的曝光度，吸引更多的游客参与。

3. 要注重产品个性化和创新

茶旅游产品可以从多个维度进行创新，例如推出特色线路、开发特色体验项目、设计独特的活动等。通过个性化和创新的茶旅游产品，能够满足不同游客的需求和口味，提供独特的旅游体验。

4. 要建立健全的投诉处理和反馈机制

及时妥善处理游客的投诉和建议，改进服务不足的方面，增强服务的可持续性和发展性。建立游客满意度评估体系，通过定期的问卷调查和反馈收集，了解游客的需求和感受，不断改善和提升服务质量。

（三）服务提升的效果

在游客角度看，服务提升可以直接影响他们的满意度和快乐感。好的服务意味着游客可以得到更加细致入微的关怀和专业周到的服务。例如，通过提供个性化的行程安排、提早了解游客的需求和偏好，旅游机构可以在服务中创造更多的定制化选项，满足不同游客的兴趣和要求。这种关注细节的服务提升将使游客感到更加满意和愉快，进而增加对茶旅游的口碑传播和推荐，有助于吸引更多的游客前来体验。

服务提升对茶旅游行业的可持续发展有着重要的意义。随着茶旅游行业竞争的加剧，仅仅依靠景区美景和传统文化已经不能满足游客的需求。不断提升服务质量和水平，成为实现行业发展和竞争优势的关键因素之一。通过引入最新的服务理念和管理技术，茶旅游行业可以增强与游客的互动与沟通，提高服务效率和效果，将服务体验提升至一个全新的水平。这不仅能够吸引更多的游客，还可以提高游客的再访率和忠诚度，实现茶旅游行业的可持续发展。

服务提升对推动茶文化与茶旅游的融合具有重要的推动作用。良好的服务体验可以为游客提供一个更好地了解和体验茶文化的机会。通过专业的解说员讲解和互动活动，游客可以深入了解茶的文化背景、制茶工艺和品茶技巧等，从而增加他们对茶文化的兴趣和认同。这种通过服务提升推动茶文化与茶旅游融合的方式，不仅可以丰富游客的旅游体验，还能够进一步激发他们对茶文化的热爱和学习的积极性，从而为茶旅游行业的发展注入新动力。

第三节　茶文化与茶旅游融合的实践模式

一、茶园观光体验模式

（一）茶园观光的特性分析

茶园观光提供了一种身临其境的体验，使游客能够身临其境地感受到茶叶种植和制作的全过程。在参观茶园时，游客可以近距离观赏茶树的优美景色，欣赏到生机勃勃的茶叶和茶花，感受到大自然的美妙与奇妙。

茶园观光提供了一个学习和了解茶文化的机会。茶园非常适合教育性的观光活动，游客可以通过解说员的讲解或自己与工作人员的互动，学习茶叶的种植、采摘、制作过程，了解茶叶的分类、品味、品质等相关知识。这不仅丰富了游客的知识，还增加了他们对茶文化的兴趣和了解。

茶园观光还提供了一个放松身心、享受自然的机会。在茶园的环境中，远离城市喧嚣和压力，游客可以呼吸新鲜空气，尽情欣赏大自然的美景，体验到宁静和平和。茶园观光的特性使其成为一种独特而具有吸引力的旅游方式。

（二）茶园观光的模式构建

在茶园观光体验模式的构建中，可以采用多种策略和手段来提升游客的参与感和体验效果。以下是几个茶园观光模式的构建要点。

1. 互动式体验模式

茶园观光应该不仅仅是游客站在一旁观赏，而是要鼓励游客积极参与。为此，可以设置一些互动体验项目，例如让游客亲自体验采茶、参与制茶过程或者品尝新鲜的茶叶。这样的互动体验能够让游客更深入地了解和感受到茶叶的制作过程，增强他们对茶文化的认知和兴趣。

2. 讲解式导览模式

茶园观光也需要专业的导览解说。导览人员应该具备专业的知识和沟通能力，能够向游客生动地介绍茶园的历史、品种以及茶叶的生长过程等。通过讲解式导览，游客可以更深入地了解到茶叶的文化内涵，丰富自己的茶文化知识。

3. 多样化的活动模式

为了丰富游客的体验，茶园观光可以结合各种活动，如举办茶艺表演、茶叶品鉴会、茶叶制作工坊等。这些活动既能够带给游客娱乐和娱乐体验，也能够深化他们对茶文化的理解和认知。

4. 科技与互联网融合

在茶园观光模式的构建中，可以运用科技和互联网的手段来提升游客的体验。例如，利用虚拟现实技术，游客可以在虚拟的茶园中体验茶叶生长的过程；利用移动应用软件，游客可以随时获取茶园的信息和导览解说。

（三）茶园观光体验模式的应用实例

茶园观光体验模式的应用实例可以通过茶园的规模、茶叶品种和茶园的地理位置等方面进行分类和区分。不同规模的茶园有不同的特色和体验内容，例如大型茶园可以组织大规模的茶文化活动，小型茶园可以更加注重个性化的服务和互动体验。不同品种的茶叶可以让游客了解到不同味道的茶叶特点和饮用方式。地理位置上，茶园可以根据其所处的地区特点，展示当地的文化和风土人情，将茶园观光与地方特色相结合，形成独特的茶园观光体验模式。

二、茶道文化体验模式

（一）茶道文化的内涵解析

茶道作为中国传统文化中的重要组成部分，具有丰富的内涵和独特的价值，是一种传承千年的艺术形式。茶道不仅仅是简单的饮茶行为，更是一种严谨、优雅的生活方式和精神追求。茶道蕴含着谦和、敬畏、感恩的精神，强调人与自然、人与人的和谐共处，体现了人类与自然界和睦相处的理念。

茶道强调的是谦和与敬畏。在茶道中，茶席被视为一种庄重而神圣的场所，对待茶具和茶叶的态度极其谨慎，充分体现了人们对自然和人与人之间关系的敬畏之情。茶道中的各个环节，从取茶、泡茶、倒茶到品茶，都需要严格按照规矩和礼仪进行操作，这种严谨性正是茶道所倡导的谦和和敬畏的体现。

茶道注重的是感恩和回归自然。在茶道的世界里，人们对自然的感恩之情溢于言表。茶道强调从自然界中获取茶叶，追求与自然的和谐共存。通过参与茶道活动，人们得以领悟到自然的伟大和奇妙，培养出对自然界资源的尊重和感激之心。因此，茶道具有独特的观念，即在感恩自然的同时，也是回归自然、融合自然。

茶道是一门艺术，旨在通过艺术形式展现人与自然、人与人之间的和谐关系。茶道不仅仅是一种口味的享受，更是一种心灵的净化和真实的情感交流。通过品茶、赏茶、闻茶等环节，茶道使人们对茶的理解和感受渐次加深，悟出茶道背后蕴含的人生哲理和文化意境。

（二）茶道体验的模式构建

茶道作为中国传统文化的瑰宝之一，已经在茶文化与茶旅融合中发挥了重要的作用。茶道体验模式的构建，旨在通过参与者亲身体验茶道仪式、感受茶道之美，进一步增进对茶文化的理解和赏识。

1. 准备优雅、安静的茶室环境

茶室应当具备传统的元素，如低矮的桌子、茶具、墙壁上挂着字画等。这样的环境能够帮助参与者更好地融入茶道的氛围中，感受到古人留下的智慧和品味。

2. 传授茶道的基本知识和礼仪

茶道体验的目的并不仅是品味和欣赏茶，更重要的是学习茶道的精髓和传统。主持茶道体验的导师应当具备深厚的茶道知识和丰富的实践经验，能够向参与者解释茶道的内涵、流程和仪式。

3. 引入互动环节

传统的茶道有着许多细致的动作和礼仪，参与者可以通过亲身体验，跟随导师的指引一步一步地完成茶道仪式。这样的互动体验，能够更好地让参与者融入茶道的世界中，感受到其中的乐趣和独特之处。

4. 注重创新和个性化

茶道体验并不只局限于传统的茶道仪式，还可以结合当地文化特色或者参与者的个性需求，开展特色茶道体验。例如，结合茶道和绘画艺术，让参与者在品茶的同时，欣赏精美的茶艺绘画；或者结合茶道和音乐表演，让参与者感受到茶道的韵律和美感。这种创新和个性化的茶道体验，能够更好地吸引不同群体的参与者，推动茶文化的传承和创新发展。

（三）茶道文化体验模式的应用实例

在实际应用中，茶道文化体验模式的设计需要考虑到游客的需求和体验感受。一种常见的应用实例是通过设置茶道体验课程，让游客亲自参与到茶道的制作与品尝过程中。在课程中，游客可以学习茶道的基本知识和技巧，例如如何泡茶、如何品评茶叶的品质等。同时，他们还可以亲手制作一杯属于自己的茶，并在专业导师的指导下品尝自己亲手制作的茶品。这样的体验模式能够让游客更加深入地了解茶道文化，同时还能够增加他们对茶的兴趣和欣赏茶的能力。

除了茶道的制作和品尝体验，茶道文化体验模式还可以通过举办茶道表演和参观茶道艺术展览等形式来展现。通过精心编排的表演和展览，游客能够欣赏到茶道的独特之处，并且了解到茶道艺术的精髓所在。这样的体验模式不仅能够给游客带来视觉上的享受，还能够让他们感受到茶道所传递的内涵和文化精神。

在茶文化主题酒店和度假村中，茶道文化体验模式也被广泛应用。这些场所常常会设有茶道体验的专门区域，游客可以在专业导师的指导下学习茶道的基本知识，并且可以在特别设计的茶室中品尝名茶。这样的茶道体验模式不仅为游客提供了学习茶道文化的机会，同时还能够增添他们在茶文化主题场所的居住体验。

（四）茶道文化体验模式的优势分析

1. 注重茶道文化的传承和体验

茶道作为中国传统文化的瑰宝之一，不仅包含着丰富的知识和技艺，更承载着中国人对生活的独特态度和情感表达。通过茶道文化体验模式，游客不仅能够学习到茶道的基本知识和技巧，更能够体验到茶道所传递的内在精神和境界。因此，茶道文化体验模式在传递茶文化的同时也强化了游客对茶道的认知和理解。

2. 充分考虑游客的参与性和互动性

在茶道体验过程中，游客可以亲自动手制作茶具，学习泡茶的技巧，感受浓厚的氛围艺术，甚至参与到茶道表演和对话中。这种参与式的体验模式不仅增强了游客的参与感和满足感，也提高了游客对茶道文化的兴趣和接受度。通过亲身参与，游客可以更深入地了解茶道的精髓，并将茶道文化内化为自己的体验和记忆。

3. 促进交流和沟通

茶道作为一种交际活动，强调的是与人的关系和人文情怀。在茶道体验中，游客和茶艺师之间的互动和对话可以促进彼此的沟通，增进双方的情感联系和理解。茶道文化体验模式通过创造和谐的氛围和场景，使游客能够在愉悦的环境中与他人共同分享茶道的魅力，进而促进社交关系的建立和巩固。

4. 推动茶文化产业的发展和创新

茶道体验作为一种文化消费的形式，可以提供多元化的茶文化产品和服务。通过不断创新和发展茶道文化体验模式，可以满足不同游客的需求和兴趣，推动茶文化产业的多元化发展。茶文化主题产品如茶道表演、茶道展览、茶道教育等，都可以通过茶道文化体验模式得以呈现和推广，并为茶文化产业的蓬勃发展提供有力支撑。

三、茶文化主题酒店与度假村模式

茶文化主题酒店与度假村是茶文化与茶旅融合的重要载体之一，通过打造独特的茶文化体验，为游客提供全方位的茶叶文化享受和旅游度假体验。在构建茶文化主题酒店与度假村模式时，需要注重以下几个方面。

（一）选址十分重要

选择在茶叶产区或有着丰富茶文化底蕴的地方建设茶文化主题酒店与度假村，可以更好地突出茶文化的特色。这样的选址能够让游客深度沉浸在茶文化的氛围中，增强对茶叶的认知和理解。

（二）设计要独具匠心

茶文化主题酒店与度假村的设计要以茶叶文化为主题，充分展示茶叶的历史、种植、制作等方面的知识。建筑风格、室内装饰、布局等都应体现茶文化的韵味，使游客在入住期间能够感受到独特的茶文化氛围。

（三）提供多样化的茶文化体验项目

茶文化主题酒店与度假村应该设立茶园观光、茶叶制作体验、茶道表演等项目，让游客能够亲身参与茶文化的传承和体验。此外，还可以组织茶文化讲座、茶艺大赛等活动，丰富游客的茶叶文化知识和体验。

（四）提供高质量的客户服务

茶文化主题酒店与度假村的人员应具备专业的茶叶知识和服务能力，为客人提供良好的接待和服务体验。从接待到客房服务，再到餐饮等方面，都应注重细节，让游客在茶文化的享受之外，还能感受到贴心的服务。

（五）与当地社区合作

茶文化主题酒店与度假村可以与当地茶农、茶厂、茶艺师等合作，共同推动茶叶文化的传播和发展。通过与当地社区合作，可以吸引更多游客前来，同时也能够促进当地经济的发展。

四、茶文化旅游节庆活动模式

茶文化旅游节庆活动作为茶文化与旅游融合的一种方式，充分挖掘茶文化的内涵，提炼出具有吸引力和独特性的元素，以吸引游客的注意力和参与度。在构建茶文化旅游节庆活动模式时，需要注重以下几个方面。

（一）与当地茶文化的融合

每个地方的茶文化都有其独特性，因此在活动的策划中，应该结合当地的茶文化特色，融入地方的历史、风俗和传统元素。例如，在茶文化旅游节庆活动中，可以组织茶文化展览，展示当地的茶叶种植、制作工艺和茶具文化等，让游客了解当地茶文化的魅力。

（二）体验性和互动性

传统的观光模式已经不能满足现代游客的需求，他们更加注重参与度和体验感。因此，在茶文化旅游节庆活动中，可以设置茶艺表演和茶道体验等环节，让游客亲身参与，感受茶文化的魅力。还可以安排互动游戏和工作坊等活动，提供给游客一个互动交流的平台，增加活动的趣味性和参与度。

（三）创新和多样性

随着旅游市场的竞争加剧，单一的活动模式已经不能吸引游客。因此，在茶文化旅游节庆活动的策划中，需要不断创新，尝试新的活动形式和内容。例如，可以组织茶文化主题派对，结合音乐、舞蹈和时尚元素，打造一些独特的茶文化体验活动。同时，还可以举办茶叶品尝和评比活动，让游客在品尝茶叶的过程中感受茶文化的魅力。

（四）合作与协调

茶文化旅游节庆活动往往涉及多个相关方的合作，包括旅游景区、茶叶企业、文化机构等。因此，在活动的策划和组织过程中，需要加强各方的协作与沟通，确保活动能够顺利进行。同时，需要制订详细的活动计划和时间表，合理安排各个环节的顺序和时长，确保整个活动的流程和效果。

第四章　茶文化旅游产品的开发与推广

第一节　茶文化旅游产品的设计与开发

一、茶文化旅游产品的设计原则

（一）以市场需求为导向

1. 市场需求现状

市场需求是茶文化旅游产品设计的基础，了解市场需求现状对产品设计和开发至关重要。目前，茶文化旅游产品的市场需求呈现出一定的特点和趋势。

随着人们生活质量的提高和追求精神层面的需求，茶文化旅游产品受到越来越多消费者的关注。人们希望通过品茶、参观茶园、学习茶艺等活动，增进对茶文化的了解，提升自身修养。因此，市场需求呈现出对茶文化深度体验的追求。

2. 消费者行为分析

消费者的行为在茶文化旅游产品设计中起着至关重要的作用。了解消费者的需求和行为模式，可以帮助设计师更好地满足消费者的期望，提供更具吸引力的旅游产品。

消费者在选择茶文化旅游产品时，很注重产品的独特性和个性化。他们希望通过旅游体验来感受真正的茶文化，而不只是一次普通的旅行。因此，产品设计师需要着重突出茶文化的特色，通过巧妙的设计和创新的体验方式，引导消费者深入了解和体验茶文化的魅力。

消费者对茶文化的认知和理解程度不同，从而对旅游产品的需求也各不相同。有些消费者可能是茶艺爱好者，他们希望通过旅游产品来深入了解茶文化的历史、文化内涵和制茶工艺；而有些消费者可能是对茶文化感兴趣的旅行者，他们更注重在旅行过程中感受茶文化的氛围和情境。因此，产品设计师需要针对不同的消费者群体，提供多样化的旅游产品选择，满足不同消费者的需求。

消费者在选择茶文化旅游产品时也会考虑价格、便利性和安全性等因素。虽然消费者对茶文化的兴趣和热情是重要的决策因素，但是价格的合理性和旅游产品的便利性同样受到关注。因此，在产品设计过程中，需要兼顾消费者的需求和市场的实际情况，确保旅游产品的价格合理，提供方便快捷的旅行方式，并加强安全措施，保障消费者的旅行安全。

3. 市场趋势预测

在茶文化旅游产品设计中，准确预测市场趋势是至关重要的。只有深入了解市场需求并紧跟潮流，才能推出符合消费者口味和喜好的产品，从而取得竞争优势。下面将对茶文化旅游产品市场的趋势进行预测。

随着人们生活水平和消费观念的提升，茶文化作为一种独特的生活方式受到越来越多人的追捧。人们愿意花费更多的时间和金钱来享受茶文化带来的精神享受和身心放松。因此，茶文化旅游产品设计应该注重提升消费者的参与感和体验感，为他们打造独特而有趣的茶文化体验。

随着旅游业的快速发展和茶文化的普及，越来越多的地方都开始将茶文化与旅游相结合，推出各具特色的茶文化旅游产品。这种结合不仅能够满足人们对旅游的需求，还能让他们深入了解当地的茶文化，增强对地方特色的认知和体验。因此，茶文化旅游产品设计需要根据不同地方的特色，巧妙融合当地文化元素和旅游资源，创造出与众不同的产品。

随着科技的不断进步，虚拟现实、增强现实等新技术在茶文化旅游产品设计中的应用也越来越多。通过运用这些新技术，可以为消费者提供更丰富多样的茶文化体验方式，使他们身临其境地感受到茶文化的魅力。例如，利用虚拟现实技术，可以在不同的茶园中进行漫游，了解茶叶的种植和制作过程；利用增强现实技术，消费者可以通过手机或智能眼镜与虚拟人物进行互动，了解茶文化的历史和故事。这些创新的体验方式将极大地丰富茶文化旅游产品的内涵，提升消费者的满意度和参与度。

（二）突出茶文化的特色

茶文化作为一种独特的文化形态，它以其独特的茶道仪式、茶具文化、茶艺表演等形象表现，深深吸引着世人的目光。茶文化的形象表现不仅是对茶文化内涵的传达，更是茶文化体验的重要组成部分。在茶文化旅游产品设计中，突出和充分利用这些形象表现，能够使游客更加直观地感受到茶文化的魅力。

1. 茶道仪式

茶道仪式源于中国传统礼仪文化，它注重仪式感、和谐美、平和心态等方面的表达。设计师可以通过设置茶席、布置茶具、指导仪式动作等手段，再现茶道仪式的精髓。游客在参与茶道仪式的过程中，不仅能够亲身体验到传统的茶道文化，更可以感受到其中蕴含的和谐与平和的氛围。

2. 茶具文化

茶具作为茶文化的重要载体，其造型、材质、雕刻等方面都承载着丰富的文化内涵。在设计旅游产品时，可以安排茶具展示区，展示各种独特的茶具，让游客近距离观赏并了解其背后的文化故事。应该注重展示茶具的特点和历史，引导游客欣赏茶具的美感以及对茶文化的敬仰之情。

3. 茶艺表演

茶艺表演是一门独特的艺术形式，通过表演者的技艺和手法展示茶道的优美和心境。在设计旅游产品时，可以组织茶艺表演，让游客亲眼看见茶艺师的独特技艺，感受茶艺表演中蕴含的人文情怀和艺术魅力。茶艺表演不仅可以激发游客的审美情趣，还可以通过互动环节，使游客更加深入地了解茶文化的美好。

（三）结合地方特色

1. 地方文化概述

在茶文化旅游产品设计中，地方文化的整合是至关重要的一环。地方文化是指地方特有的历史、风俗、传统等方面的文化元素。在设计茶文化旅游产品时，需要全面了解并准确把握当地的文化，以便将其融入产品中。

地方文化作为旅游产品的核心要素之一，可以为游客提供丰富的文化体验。每个地方都有其独特的文化传统和历史背景，这些文化元素可以为茶文化旅游产品增添独特的魅力。例如，苏州的园林文化、福建的土楼文化等，都是茶文化旅游产品中可以融入的地方文化元素，通过展示当地的传统艺术、历史故事等形式，让游客更好地了解和体验当地的文化内涵。

2. 地方文化与茶文化的关联性分析

地方文化是每个地域所独有的文化传统和特色，它是一种地域性的文化符号和精神象征。而茶文化作为一种具有深厚历史背景的文化传统，也体现了每个地方独特的茶文化特色。因此，地方文化和茶文化之间存在着紧密的关联性。

在不同地区，茶叶的品种、制作方法、品饮方式等都与当地的地方文化密不可分。例如，福建的岩茶、四川的川茶、浙江的龙井茶等都是因为当地的地方文化和自然环境的独特性而形成的。这些茶文化代表了不同地方的饮茶习俗和生活方式，展现了历史深度和地域特色。

地方文化和茶文化相互促进，相得益彰。茶文化为地方文化注入了浓郁的艺术氛围，丰富了当地文化内涵。茶艺表演、茶道表演等活动成为地方文化的重要组成部分，为地方的文化旅游产品注入了活力。地方文化也为茶文化提供了宝贵的资源和素材，为茶文化的传承和发展提供了有力支持。

另外，地方文化和茶文化的结合也为旅游产业带来了新的机遇和发展空间。通过将当地的地方文化与茶文化相结合，设计出具有地方特色的茶文化旅游产品，可以吸引更多的游客参与其中。例如，针对某地区特有的传统民俗活动，可以结合茶文化的内容，设计出茶文化体验活动，让游客在品茶的同时，也能感受到当地独特的地方文化氛围。

3. 地方特色在茶文化旅游产品设计中的体现

地方特色要在产品中得到突出体现。每个地方都有自己独特的文化和风情，这些独特之处可以融入茶文化旅游产品中。例如，可以设计地方特色茶品展示区域，展示当地特色茶叶的种植、采摘和制作过程；可以设计以当地传统建筑为背景的茶文化展览和表演区域，使游客在欣赏茶艺表演的同时，感受到地方文化的魅力。

设计者需要与当地相关部门和企业合作，共同推动地方特色茶文化旅游产品的设计和推广。多方合作可以为产品提供更多资源和支持，实现互利共赢。通过加强地方特色茶文化旅游产品的宣传和推广，吸引更多游客，提升地方旅游业的发展。

在茶文化旅游产品设计中，游客的体验是核心，而创新的体验方式，可以增加体验的乐趣，吸引游客积极参与。具体的实施策略有以下几点。

一种有效的实施策略是通过交互互动来提升游客的参与感。例如，在茶园游览过程中，可以设置互动式茶叶采摘活动，让游客亲自体验采摘茶叶的过程。还可以组织茶叶制作和品尝的互动体验，让游客了解茶叶的加工过程，并亲自动手制作一杯属于自己的特色茶。

创新的体验方式还可以通过多媒体技术的运用来实现。对茶文化的传承和宣传，可以通过 VR 技术来让游客身临其境地感受茶园的美景和茶文化的深厚底蕴。通过在旅游线路中设置导览仪或智能设备，游客可以随时获取相关茶文化的知识与信息，加深对茶文化的认知。

体验式模拟也是一项创新的实施策略。为了让游客更深入地了解茶文化，可以设置茶叶制作的模拟工坊，让游客能够模拟茶叶炒制的过程，掌握茶叶的制作技巧。同时，在模拟的茶园环境中，游客还可以参与虚拟的茶文化活动，如参加茶艺表演或茶道体验，进一步感受茶文化的独特魅力。

结合当地的特色文化也是创新体验方式的一大策略。在茶文化旅游产品设计中，可以融入当地特色的音乐、舞蹈、手工艺等元素，与茶文化相结合，为游客带来更多元化、综合性的体验。比如，在茶园附近设置一个特色文化展示区，展示当地传统手工艺品以及茶艺表演，让游客在品味茶文化的同时也能感受到当地独特的艺术风情。

二、茶文化旅游产品的开发步骤

（一）市场调研与定位

1. 市场调研分析

在茶文化旅游产品开发中，通过市场调研，可以深入了解目标市场的需求、竞争格局以及潜在机会，从而为产品的定位和策划提供有力的支持。

市场调研的方法有多种，其中之一是通过问卷调查收集数据。开发者可以设计一个针对潜在客户和旅游者的问卷，通过询问他们的旅游偏好、需求以及对茶文化旅游的态度和期望来获取有价值的信息。这些数据可以帮助开发者确定目标客户群体的特征，了解他们的需求和偏好，以及他们对茶文化旅游产品的期待。

另外，市场调研还可以通过实地考察和观察来进行。开发者可以深入茶乡地区，了解当地的茶文化、旅游资源以及现有的旅游产品。通过与当地居民、茶农、茶厂等进行交流，可以获取更加深入的信息，并且把握地域特色和文化氛围。这些实地观察和考察的结果可以帮助开发者更好地把握市场需求和茶文化旅游产品的开发方向。

还可以借助互联网和社交媒体等渠道进行市场调研。通过分析网络上的相关信息、用户评论以及旅游平台上的数据，开发者可以获取大量的市场反馈和意见。这些数据可以帮助开发者了解市场的整体趋势和消费者的实际需求，从而指导开发者的产品策划和设计。

2. 市场需求分析

了解市场需求可以帮助开发者更好地满足游客的期望，从而设计出符合市场需求的茶文化旅游产品。

针对茶文化旅游产品，需要对目标市场进行调研。通过调查问卷、面访等方式了解游客对茶文化旅游的兴趣和需求，调研市场上同类产品的特点和表现。这些信息可以帮助开发者了解市场上的竞争状况和潜在消费者的需求。

在了解市场的基础上，开发者还要分析游客的旅游需求。旅游需求可以分为实用需求和情感需求两个方面。实用需求包括交通、住宿、饮食等各个环节的便利性和安全性要求，情感需求则包括游客期望在茶文化旅游中获得的愉悦、放松、体验等感受。通过分析这些需求，开发者可以更好地确定产品的设计方向和体验重点。

开发者还要了解目标市场的特点和旅游消费者的特征。不同的市场群体往往具有不同的消费习惯和偏好。例如，年轻人可能更倾向于追求时尚、个性化的茶文化旅游体验，而中老年人则更注重传统文化的体验。针对不同的消费者群体，产品的定位策略也需要有所调整和差异化。

在进行需求分析的同时，开发者还要考虑市场趋势和潜在的发展机会。市场趋势可以通过行业研究、专家意见等渠道获得。开发者需要关注茶文化旅游行业的发展动态，预测市场的发展趋势，以便能够及时调整产品策略和满足市场需求。

3. 产品定位策略

一种常见的产品定位策略是基于目标市场细分。通过对目标市场进行细致的分析，确定针对不同消费群体的不同产品定位。例如，针对年轻人群体，可以将产品定位为时尚、创新和具有个性化体验的茶文化旅游产品；而针对中老年人群体，可以将产品定位为充满传统文化魅力和健康养生的茶文化旅游产品。这样的定位可以更好地满足不同消费群体的需求，增加产品的市场覆盖面。

另一种常见的产品定位策略是基于产品特色和差异化竞争。茶文化旅游产品在市场上并不少见，为了与竞争对手区别开来，需要通过产品特色和差异化来吸引消费者。可以通过提供独特的茶文化体验，融合其他旅游元素如美食、音乐等，或是结合特定地域的历史背景和文化传统，形成独特的产品特色，从而吸引消费者的注意。

还可以采用情感化定位策略。茶文化旅游产品往往可以给人一种深情厚谊、和谐自然的体验感受。通过强调产品所传递的情感价值，例如诗意的茶园景致、温暖的茶宴体验等，可以让消费者在旅行中感受到情感的满足和愉悦，从而增加消费者的认同感和忠诚度。

产品定位还可以基于不同的旅行方式或时间长度来进行。例如，可以推出短期的茶文化体验游，针对那些时间有限的消费者；同时也可以设计长时间的茶文化深度游，针对那些有足够时间进行深度体验的消费者。根据不同旅行方式和时间长度，定位出不同类型的茶文化旅游产品，满足不同消费者的需求。

（二）产品策划与设计

1. 产品策划理念

在茶文化旅游产品的策划过程中，在明确市场需求和潜在旅客群体的基础上，需要建立一个清晰的产品策划理念。产品策划理念是指确定产品的核心目标、定位和差异化特色，为产品开发提供整体的指导方针。

首要的是确定产品的核心目标。核心目标是产品存在的目的和最终追求的结果，在定义产品核心目标时，需要考虑目标市场的需求和旅客的期望，确保产品能够满足旅客的需求，切实解决旅客在茶文化旅游中的需求和问题。

产品的定位是至关重要的。通过明确产品的定位，可以帮助企业准确地把握目标市场和旅客需求，从而针对不同的市场细分群体提供有针对性的产品体验。在茶文化旅游产品策划中，定位可以从多个维度来考虑，例如针对不同茶叶品种的旅游产品、针对不同茶文化的历史背景和风俗习惯的旅游产品等，通过准确的定位可以使产品更具吸引力和竞争力。

另外，在产品策划过程中还要注重差异化特色的打造。茶文化旅游产品面临着激烈的市场竞争，为了使产品在竞争中脱颖而出，必须在产品设计阶段注重打造差异化的特色。可以通过深入挖掘茶文化的独特之处，将其与旅游体验相结合，打造富有个性化和独特魅力的产品。例如，可以通过设计特色的茶园参观路线、举办独特形式的茶文化体验活动等来吸引旅客，从而与竞争对手形成差异化竞争优势。

2. 产品设计流程

在茶文化旅游产品的设计过程中，一个有效的产品设计流程是至关重要的。下面将介绍茶文化旅游产品设计的几个关键步骤。

（1）明确产品目标与定位

在产品设计之前，开发者需要明确产品的目标和定位。这包括确定产品所针对的目标客户群体以及他们的需求和偏好。通过进行市场调研和分析，开发者可以获取关于目标客户的详细信息，从而更好地定位开发者的产品。

（2）确定明确的产品理念与核心价值

产品理念是产品的灵魂，是产品所追求的核心价值和理念。在茶文化旅游产品设计中，开发者可以围绕茶文化的内涵和精髓，设计出能够传递茶文化价值的产品理念。例如，开发者可以将茶文化与自然环境相结合，强调生态保护和可持续发展的理念。

（3）确定产品特色与亮点

茶文化旅游产品需要具有特色和亮点，以吸引客户的注意。这包括产品的独特之处、创新之处以及与竞争对手的差异化。通过深入挖掘茶文化的多样性和独特性，开发者可以设计出与众不同的产品，吸引更多的客户参与。

（4）进行产品规划与设计

在产品规划与设计阶段，开发者需要确定产品的具体内容和形式。这包括确定产品的线路、行程安排、活动设计等。同时，开发者还需要考虑产品的可行性和实施的难易程度，确保产品的设计与实际情况相符。

（5）进行产品测试与优化

产品设计完成后，开发者需要进行产品测试与优化，以确保产品的质量和效果。这包括邀请一些目标客户参与产品的试点体验，并根据他们的反馈进行相应的调整和优化。

（6）产品推广与营销

一个成功的产品设计需要有一定的推广和营销活动支持。开发者可以利用各种渠道和媒体进行产品的宣传和推广，吸引更多的客户参与。同时，开发者也需要制定一套有效的销售渠道和渠道管理策略，确保产品能够顺利地销售和推广。

（三）资源整合与开发

1. 资源识别与分类

在茶文化旅游产品开发的过程中，资源的识别与分类是一个至关重要的环节。在这一步骤中，开发者需要对茶文化旅游产品所需的资源进行认知和分类，以确保开发者能够充分利用和开发这些资源，为游客提供独特而有吸引力的旅游体验。

开发者需要对可用的资源进行识别。这包括茶园、茶叶加工厂、茶文化博物馆等与茶文化相关的场所和设施。通过与当地政府、旅游机构和茶农合作，开发者可以了解到茶产业链的各个环节以及相关的资源情况。这样，开发者就能够确定可供开发的资源，从而为产品的创意提供基础。

然后，开发者需要对识别到的资源进行分类。根据茶产业链的特点和旅游产品的需求，可以将资源分为自然资源、人文资源和服务资源等几个方面。自然资源包括茶园的美景、茶树的品种和茶叶的品质等。人文资源则包括与茶相关的历史文化、传统工艺以及传说故事等。而服务资源则指的是提供茶文化旅游产品所需的交通、餐饮、住宿等基础服务设施。对资源进行分类有助于我们更好地了解和把握资源的特点和优势。同时，也能够为产品策划与设计提供有针对性的参考。例如，对自然资源丰富的地方，可以开发茶园漫步、品茶游等以自然景观为主导的产品；而对拥有悠久历史文化的地区，则可以开展茶道体验、茶叶制作工坊等以人文情怀为核心的产品。

2. 资源整合策略

（1）资源分析

在进行资源整合策略的制定之前，首先需要进行资源分析。资源分析的目的是全面了解和洞察当前可用资源的情况，包括自身拥有的资源以及外部合作伙伴的资源。通过资源分析，开发者可以准确识别和区分不同类型的资源，并为后续的整合工作提供基础。

资源分析的重点在于确定哪些资源可以为茶文化旅游产品的开发和运营提供支持。这些资源可以包括茶叶生产基地、茶叶加工设施、茶文化展览馆、茶道培训机构、茶叶研究机构等。通过对资源的深入了解和评估，开发者可以确定每个资源的特点和潜力，并进一步掌握可利用的机会和挑战。

（2）资源整合策略的制定

资源整合策略的制定是为了将现有的资源最大化地发挥作用，实现优势互补，提升茶文化旅游产品的竞争力和魅力。

我们需要将资源按照其特性和功能进行分类，确定其在产品开发中的具体应用。例如，茶叶生产基地可以用于茶园体验、采茶活动以及茶叶制作过程的展示，茶文化展览馆可用于茶文化教育和游客互动体验等。

根据资源分类的结果，制订合理的整合方案。我们需要确定每一类资源的整合规模和整合方式。例如，与茶叶生产基地合作，将其作为核心资源，与茶文化展览馆、茶道培训机构等进行合作，形成一个完整的茶文化旅游产品链。

还需要考虑资源整合的可行性和可持续性。我们需要评估每种整合方案的风险与收益，并确保资源整合后的产品能够长期运营并实现可持续发展。

（3）实施与监控

在资源整合策略制定完成后，下一步是落地实施并进行监控。在实施阶段，我们需要与各合作伙伴建立良好的沟通和协作机制，确保整合方案的顺利进行；同时，还需要密切关注整合过程中的问题和挑战，并及时进行调整和优化。

监控阶段的目的在于评估整合效果和效益，并对整合方案进行改进。通过对产品运营和市场反馈的分析，我们可以不断优化资源整合策略，提升产品的竞争力和用户满意度。

3. 产品开发流程

在产品开发流程中，市场调研与定位阶段的结果将提供宝贵的参考信息，从而为产品开发提供指导。通过市场调研，我们可以了解市场需求、消费者偏好以及竞争对手的情况。然后，根据市场调研的结果，我们可以确定产品定位，即产品在市场中的位置和差异化特点。

产品策划与设计是产品开发流程中的重要环节。在这个阶段，我们将依据市场调研结果，制定产品的整体策略和设计蓝图。这包括确定产品的核心特色、主题、内容和形式，以及制定产品的目标和定位。我们还需要考虑到目标市场的特点和需求，以确保产品的适销和吸引力。

接下来是资源整合与开发阶段。在这个阶段，我们将汇集各种资源，包括茶文化资源、旅游资源、人力资源和资金资源等，以满足产品开发的需求。通过资源的整合和优化利用，我们能够提高产品的综合竞争力和获益效益。同时，我们也需要考虑资源的可持续性和合理利用，以确保产品的长期发展和生态保护。

最后是管理与运营规划阶段。在产品开发流程的这一阶段，我们将着重考虑产品的管理和运营问题。这包括确定产品的运营模式、营销计划和服务策略，以确保产品的畅销和顾客满意度。同时，我们也需要建立完善的管理机制和监控系统，以及培养具备专业素质和服务意识的员工队伍。

三、管理与运营规划

（一）管理体系建设

研究表明，一个良好的管理体系是茶文化旅游产品开发中的重要环节。管理体系的建设旨在确保茶文化旅游产品的有效运营和管理，以实现客户满意度的提升和旅游业的可持续发展。

建设管理体系需要明确的组织结构和职责分工。由于茶文化旅游产品通常涉及多个部门和利益相关方，建立一个有效的组织架构是必不可少的。在这个过程中，应该明确各个部门的职责和权责，确保各方间的合作和协调。

建设管理体系需要制定明确的管理流程和规范操作。茶文化旅游产品的开发和运营涉及诸多环节，如市场推广、线路设计、旅游服务等。在建设管理体系时，应该制定相应的管理流程，规范各个环节的操作和执行。

培养和提升员工的综合素质也是管理体系建设的重要一环。茶文化旅游产品的成功与否不仅仅取决于产品本身，还与员工的服务态度和专业技能密切相关。为此，建设管理体系时应加强员工培训和提升，提高员工的专业素养和服务质量。

建设管理体系还须借助现代信息技术来提升管理效率。茶文化旅游产品的管理涉及大量的信息处理和数据分析，利用先进的信息技术可以提高管理效率，优化决策过程。因此，在管理体系建设中应充分利用现代信息技术，提高数据的准确性和分析的实时性。

在管理体系建设的过程中，应注重不断的监测和改进。茶文化旅游产品开发是一个动态的过程，市场环境和客户需求的变化都可能对产品的管理提出新的要求。因此，在管理体系建设完成后，应定期进行监测和评估，及时发现问题和不足，采取相应的改进措施。

（二）运营策略与方法

根据市场调研与定位的结果，以及产品策划与设计的要求，运营策略与方法旨在制订一系列的操作计划和指导原则，以确保茶文化旅游产品能够有效地运营并取得长期的商业成功。

在运营策略与方法的制定过程中，须考虑市场竞争环境和目标消费者的需求。针对不同的目标市场和消费群体，开发者可以采取差异化的运营策略。例如，对高端消费群体，开发者可以通过提供奢华的茶文化体验和定制化的服务来吸引他们的关注；而对大众消费群体，开发者则可以通过价格优惠和多样化的产品选择来引起他们的兴趣。

一个成功的运营策略还需要关注产品的供应链管理和服务质量控制。在茶文化旅游产品开发过程中，涉及茶叶供应商、旅游景点、交通运输等多个环节。因此，建立高效的供应链管理系统是至关重要的。通过合理的供应链设计和协调，可以保证产品的及时供应和质量稳定，提升客户的满意度和忠诚度。

服务质量是茶文化旅游产品的核心竞争力之一。为了提供出色的服务体验，开发者需要制定明确的服务标准并积极培训员工。培训内容涵盖茶文化知识、专业礼仪技巧、客户沟通技巧等方面。通过不断提升员工的服务水平，可以确保茶文化旅游产品的服务质量得到有效保障。

持续的市场监测和反馈机制也是运营策略的重要组成部分。通过定期收集客户的反馈和评价，开发者可以及时了解市场需求的变化和产品的优化空间。基于这些信息，开发者可以及时调整运营策略和方法，以保持竞争优势并适应市场的变化。

（三）服务质量与满意度评估

服务质量和满意度评估对茶文化旅游产品的管理与运营规划至关重要。通过评估顾客对产品服务的满意度，可以帮助企业了解顾客需求并及时改进服务质量，提升顾客满意度，从而增加市场竞争力。

在进行服务质量与满意度评估之前，开发者需要明确评估的指标和标准。常用的评估指标包括顾客满意度、服务质量、服务响应时间、产品质量等。这些指标可以根据茶文化旅游产品的具体特点和顾客需求进行确定。开发者也可以参考相关的国家标准或行业标准，以确保评估的客观性和准确性。

在实施服务质量与满意度评估时，可以采用多种方法。其中，定期的顾客满意度调查是一种常见的方法。通过问卷调查或面对面访谈，开发者可以获得顾客对产品服务的满意度反馈。还可以通过监测客户投诉和建议来评估服务质量。及时处理客户投诉，并根据建议进行改进，可以提升顾客满意度。另外，定期组织客户座谈会和焦点小组讨论，可以深入了解顾客需求和期望，从而进行有针对性的服务改进。

在评估结果的基础上，开发者需要及时采取措施来提升服务质量和顾客满意度。根据评估结果，开发者可以针对问题所在进行改进，优化产品服务流程，加强员工培训等。同时，通过引入高效的管理工具和技术手段，如客户关系管理系统，可以更好地满足顾客需求，提高服务响应速度和效率。此外，开发者还可以关注竞争对手的表现，并进行对比分析，从而寻找提升服务质量和顾客满意度的创新方式。

第二节　茶文化旅游产品的市场推广与营销策略

一、茶文化旅游产品的市场推广策略

（一）目标市场选择与定位

在茶文化旅游产品的市场推广过程中，目标市场的选择与定位是至关重要的一环。针对不同的市场细分，选择适合的目标市场，进行精准的定位，能够更好地满足消费者需求，提高产品的市场竞争力。

市场推广策略需要明确目标市场的特征和需求。茶文化旅游产品的特点决定了它更多地吸引了一些关注茶文化和寻求身心放松的消费者。在选择目标市场的时候，需要重点关注这部分消费者群体，分析他们的特征，例如年龄、性别、职业等，以及他们对茶文化旅游的需求和偏好。通过市场调研和数据分析，可以细致地确定目标市场。

在选定目标市场后，需要进行精准的定位。定位是将产品与目标市场的需求进行匹配，在市场竞争中树立产品的独特性和优势。针对茶文化旅游产品，可以从茶文化的教育性、亲身体验的感官刺激及健康养生的功能等方面进行定

位。例如，针对茶文化爱好者和追求健康生活的消费者，可以强调产品中蕴含的养生价值，以及着重宣传茶园参观、品茶体验等活动。

（二）市场推广策略选择与实施

在茶文化旅游产品的市场推广过程中，选择与实施适当的市场推广策略是至关重要的。下面重点探讨如何选择与实施市场推广策略。

开发者需要明确目标市场和目标客户群体。茶文化旅游产品的目标市场可以根据不同的维度进行划分，如地理位置、年龄段、消费能力等。通过深入了解目标客户群体的需求、偏好和消费行为，开发者能够更好地选择适合的市场推广策略。

品牌建设是一个有效的市场推广策略。通过建设有吸引力和独特特点的品牌形象，茶文化旅游产品能够在激烈的市场竞争中脱颖而出。品牌建设包括但不限于设计和传播品牌标志、品牌故事和品牌声誉。

网络营销是现代市场推广中不可或缺的一部分。利用互联网和社交媒体平台，开发者可以通过制作精美的宣传视频、发布吸引人的内容、与潜在客户进行互动等方式，将茶文化旅游产品推广给更多的目标客户群体。

合作伙伴关系的建立也是一种重要的市场推广策略。与旅行社、酒店、民宿等相关行业建立合作伙伴关系，可以通过互相推荐、共同举办活动等方式，拓展茶文化旅游产品的市场份额。

个性化定制是一种有针对性的市场推广策略。市场细分和客户个性化需求的兴起，意味着开发者需要提供更个性化的旅游产品和服务。通过提供个性化定制的茶文化旅游产品，我们能够满足不同客户的需求，提升其旅游体验和满意度。

市场推广策略的实施需要加强监测与评估。通过利用市场调研数据、销售数据、客户反馈等信息，我们可以对市场推广活动的效果进行评估和分析，及时调整和优化策略，以提高推广效果。

（三）市场推广效果评估

评估市场推广效果需要进行数据收集和分析。这包括对推广活动的覆盖范围、参与人数、效果反馈等信息进行统计和整理。同时，还可以通过市场调研、问卷调查等方式获取客户满意度、知晓度、参与度等指标数据。通过收集和分析这些数据，可以客观地评估市场推广活动的效果。

评估市场推广效果需要对比预期目标和实际表现。在制定市场推广策略时，通常会设定一些具体的推广目标，例如增加客户数量、提高品牌知名度等。通过将预期目标与实际表现进行对比，可以评估推广活动是否达到了预期目标，并分析原因。如果实际表现超出预期目标，可以总结成功的经验和策略；如果实际表现低于预期目标，需要查找原因并进行调整和改进。

评估市场推广效果还需要考虑长期效果和持续监测。市场推广是一个持续的过程，推广效果的评估不能仅仅停留在短期结果上。需要关注推广活动对市场份额、盈利能力等长期指标的影响，以及推广活动对品牌形象、客户忠诚度等长期效果的塑造。同时，还需要建立起持续的监测机制，对市场推广效果进行定期跟踪和评估。

二、茶文化旅游产品的营销策略

（一）定价策略

1. 定价策略的理论基础

定价策略是制定和实施价格的方法和原则的总称，对茶文化旅游产品而言，定价策略的制定至关重要，涉及市场定位、竞争对手、产品属性等多个因素。在制定茶文化旅游产品的定价策略时，我们需要依托于一定的理论基础。

在定价策略的理论基础上，须明确市场需求和目标市场。茶文化旅游产品的市场需求是指消费者对茶文化旅游的需求，如对传统茶文化的追求、对茶叶制作工艺的关注等。了解市场需求有助于准确定位目标市场，即确定目标消费者群体和他们对茶文化旅游产品的偏好。

在定价策略的理论基础上，须考虑成本和利润。茶文化旅游产品的定价不仅需要覆盖成本，还需要获得相应的利润。成本包括直接成本（如茶叶采购、餐饮费用）和间接成本（如营销费用、运营费用），而利润则是企业的经营目标之一。因此，在制定定价策略时，需要充分考虑成本和利润的平衡。

在定价策略的理论基础上，须分析竞争情况。茶文化旅游市场竞争激烈，存在多个竞争对手，包括茶文化旅游产品、其他旅游产品以及同类型企业。分析竞争情况有助于确定茶文化旅游产品的定价水平，既要考虑竞争对手的价格水平，又要确保产品的竞争力和市场地位。

在定价策略的理论基础上，须考虑消费者对价格的敏感度。不同的消费者对价格的敏感度不同，一些消费者会追求高品质的茶文化旅游产品，而对高价愿意付出；而一部分消费者则更加注重性价比，追求较低的价格。了解消费者对价格的敏感度，可以根据不同的消费群体制定差异化的定价策略，提高市场竞争力。

2. 茶文化旅游产品的定价方法

茶文化旅游产品的定价是推广与营销的关键，因此选择合适的定价方法至关重要。对茶文化旅游产品定价的方法，可以考虑以下几个方面。

(1) 市场需求和竞争环境

在确定价格时，需要充分了解市场需求和竞争环境。通过市场调研和竞争对手的定价策略分析，可以对消费者对茶文化旅游产品的需求程度有所了解。同时，也需要考虑竞争对手的价格水平，以便确定一个相对合理的价格范围。

(2) 成本和利润目标

在定价时，需要考虑到茶文化旅游产品的生产成本和相关费用，以确保能够覆盖成本并获得一定的利润。同时，还要根据市场状况和竞争程度，合理设定利润目标，从而为整个推广与营销策略提供支持。

(3) 价值和差异化

茶文化旅游产品应该具备独特的价值和差异化优势，这将直接影响到定价策略的选择。如果产品具有高附加值和特色，可以考虑采用溢价定价策略，将价格定位在较高水平。相反地，如果产品市场竞争较为激烈，可以采取低价策略或者跟随竞争对手的定价策略。

(4) 市场定位和目标消费者

在确定定价策略时，需要明确茶文化旅游产品的市场定位和目标消费者。不同的市场定位和目标消费者对价格敏感度不同，因此要根据不同的定位和目标群体采取不同的定价方式。例如，对高端消费群体，可以考虑采用高价策略，而对大众消费群体，可以采取中低价策略。

(5) 灵活性和适应性

茶文化旅游产品的定价并非一成不变，需要具备一定的灵活性和适应性。根据市场的变化和需求的变化，需要及时调整定价策略，以保持竞争力和市场占有率。

3. 定价策略的影响和效果评价

定价策略的影响在于对市场需求的引导和激发。通过定价策略的设计和调整，我们可以影响消费者对茶文化旅游产品的需求程度。例如，采用适当的定价折扣策略，可以吸引更多的消费者，增加销售量和市场份额。另外，通过高价定价策略，可以树立产品的高端形象，吸引那些追求品质和独特体验的消费者群体。

定价策略的影响还体现在市场竞争力的提升。合理的定价策略可以提升产品的竞争力，增加在市场中的价值。例如，采用长期低价策略，可以形成价格优势，吸引消费者选择我们的茶文化旅游产品而非竞争对手的产品。同时，通过差异化的定价策略，我们可以突出产品的独特卖点，使其在市场上具备更强的竞争力。

定价策略的效果评价是我们判断定价策略是否成功的关键。有效的评价方法可以帮助我们了解市场反应，并进行必要的调整。一种常用的方法是通过市场调研和数据分析来评价定价策略的效果。通过收集消费者的反馈和销售数据，我们可以了解产品的价格感知和购买意愿，从而判断定价策略的有效性和市场接受程度。另外，与竞争对手的比较研究也是评价定价策略效果的重要手段。通过了解竞争对手的定价策略和市场表现，我们可以对自身定价策略进行有针对性的评估和调整。

定价策略的影响和效果评价对茶文化旅游产品的推广和营销非常重要。通过合理的定价策略，我们可以激发市场需求，提升产品竞争力，最终实现产品的市场营销成功。然而，需要注意的是定价策略并非一成不变，需要根据市场变化和竞争情况来进行动态调整与优化，以确保产品的市场持续性和竞争优势。

（二）促销策略

1. 促销策略的理论依据

促销策略不仅能够增强品牌知名度，吸引顾客的注意力，还能够激发购买欲望，促使消费者做出购买决策。因此，选择合适的促销策略是至关重要的。

在制定促销策略时，需要从理论的角度出发，结合消费者心理和市场环境，制订具体实施方案。首先，理解消费者的购买动机是关键。茶文化旅游产品的消费者通常对文化、历史、美食或新奇体验有着高度的兴趣。因此，促销策略应该紧密围绕这些特点展开，打造与消费者需求相匹配的推广活动。

市场细分也是制定促销策略的重要参考因素。茶文化旅游产品的消费者群体较为特殊，通常包括热爱茶文化以及有一定购买能力的人群。因此，在制定促销策略时，应对这一消费群体进行精准细分，针对性地开展促销活动，以确保推广效果的最大化。

品牌定位也是制定促销策略的重要依据。茶文化旅游产品通常有着独特的品牌形象和特点，因此，促销策略应与品牌定位相一致。促销策略应突出产品的特点和价值，强调品牌的文化内涵和独特之处，以吸引目标消费者的关注，提高品牌认知度和美誉度。

2. 茶文化旅游产品的促销方式

茶文化旅游产品是一种独特的产品形式，其促销方式需要充分考虑产品的特点以及目标市场的需求。在推广和销售茶文化旅游产品的过程中，可以采取多种促销方式，以吸引更多的游客并提升产品的知名度和竞争力。

可以通过举办主题活动和展览来促销茶文化旅游产品。比如，组织茶艺表演和茶品展示活动，让游客亲身体验茶文化的魅力；还可以邀请知名茶师和专家举办讲座和培训，增加产品的内涵和吸引力。通过这些活动，不仅可以吸引游客，还可以提升产品的品牌形象和声誉。

可以与其他旅游景点或相关产业进行合作，开展联合促销活动。例如，与景区、酒店、餐饮、休闲娱乐等企业合作推出优惠套餐，为游客提供多样化的旅游体验。通过与其他旅游产品的结合，可以扩大产品的受众群体，并提高促销效果。

互联网和新媒体平台的运用也是促销茶文化旅游产品的重要手段。借助微信公众号、微博、短视频等平台，可以发布产品介绍、推广活动和优惠信息，吸引潜在游客的关注和参与。通过线上线下相结合的方式，打造全方位的营销网络，提高产品的曝光度和销售量。

3. 促销策略的实施与效果

在茶文化旅游产品的促销策略实施过程中，需要采取一系列有效的措施，以达到预期的促销效果。

针对目标市场的特点和需求，设计个性化的促销方案。例如，对年轻人群体，可以通过社交媒体平台展开线上推广活动，如举行茶艺比赛、分享茶文化知识等。对中老年人群体，可以通过传统媒体广告和宣传单等方式，向他们介绍茶文化旅游产品的独特魅力。

注重与相关合作伙伴的合作与联动。与当地茶叶生产商、旅游景点、酒店等建立紧密的合作关系，通过互相宣传、联合推广等方式，增加产品的曝光度和吸引力。例如，可以与当地茶叶生产商合作，推出茶文化旅游产品套餐，包含茶叶产地参观、茶叶制作体验、茶文化讲座等多个环节，从而提升产品的综合性和吸引力。

营造促销活动的节日氛围也是重要的策略之一。例如，在茶文化节期间，可以组织茶文化展览、茶文化讲座、茶艺表演等活动，吸引更多的消费者参与，提高产品的知名度和认可度。同时，结合当地的风俗习惯和节日庆典，将茶文化旅游产品与传统文化相结合，增加产品的文化内涵和情感价值。

4. 促销与销售的关联性研究

在茶文化旅游产品的推广与营销过程中，促销策略的实施与销售效果密切相关。为了深入探究促销与销售之间的关联性，我们通过对茶文化旅游产品的促销活动和销售数据的分析研究，揭示促销策略在提升销售业绩方面的重要作用，并为茶文化旅游产品的推广与营销提供理论依据。

促销策略作为推动销售增长的重要手段，在茶文化旅游产品推广过程中发挥着不可忽视的作用。研究发现，通过有效的促销手段和策略，如营销活动、折扣优惠、赠品附带等，不仅可以提高消费者对茶文化旅游产品的兴趣和认知，还能够促使潜在客户转化为实际购买者，从而实现销售业绩的增长。

茶文化旅游产品的促销方式对销售业绩产生直接影响。针对不同的市场细分和目标客户群体，采用不同的促销手段和渠道，能够更好地吸引和传达产品的价值和优势，提高产品的竞争力和市场占有率。例如，针对偏好历史文化的消费者，可以通过举办茶文化讲座、展览、互动体验等推广活动，加深消费者对茶文化旅游产品的兴趣和认知，并激发其购买意愿。

促销策略的实施和销售效果也需要进行实地调研和数据分析。通过收集和分析销售数据，可以评估和监测促销活动的效果，并及时调整和优化策略。研究发现，对茶文化旅游产品的促销策略实施效果进行跟踪和评估，能够为决策者提供科学的依据和参考，改进推广和营销策略，提高销售业绩和市场竞争力。

（三）渠道策略

1. 渠道策略的理论依据

在茶文化旅游产品的推广与营销中，渠道策略扮演着重要的角色。渠道策略的选择和实施，直接影响着产品在市场中的传播和销售效果。因此，渠道策略的制定需要有其理论依据。

渠道策略的理论依据之一是市场适应性。渠道选择应该考虑目标市场的特点和需求，确保能够将产品有效地传送给目标消费者。根据茶文化旅游产品的特点，可以选择与茶文化相关的渠道，如旅游景区、茶叶专卖店等，以确保产品能够迅速到达消费者。

渠道策略的理论依据还包括渠道成本和效率。选择渠道时，需要权衡成本和效率，以获得最佳的推广和销售结果。针对茶文化旅游产品，可以考虑采用多种渠道并结合在线销售渠道，这样既能降低成本，又能提高效率，满足不同消费者的需求。

渠道策略的理论依据还涉及渠道控制和合作。合适的渠道合作可以为产品的推广提供更多的资源和支持，同时也能够加强对渠道的控制和管理。对茶文化旅游产品，可以与茶叶生产企业、旅行社等建立合作关系，共同推动产品的推广和销售。

2. 茶文化旅游产品的渠道选择

茶文化旅游产品的成功推广与营销离不开合理选择和优化渠道策略。在选择渠道时，需要考虑产品的特点、目标市场以及市场需求和竞争环境等因素。

茶文化旅游产品的渠道选择应根据产品的特点进行合理调整。茶文化旅游产品以茶文化为核心卖点，既包括传统的茶叶制作和品尝，也包括茶文化的历史渊源和传承。因此，渠道选择应注重传统茶文化传统之地，如知名的茶叶产区或闻名遐迩的茶文化村落。通过将茶文化旅游产品与传统的茶叶产业有机结合，既能提高产品的认可度和信任度，又能增加消费者在产品中的体验感受。

根据不同的目标市场选择相应的销售渠道。茶文化旅游产品的目标市场可能是本地游客、国内游客或海外游客。针对不同的目标市场，应采取不同的渠道策略。针对本地游客，可以通过建立线下的茶文化体验馆、茶叶专卖店等渠道来进行销售和推广。其中，茶文化体验馆可以为游客提供真实的茶叶制作和品尝过程，增加消费者的参与感和体验感。针对国内游客，可以通过互联网平台进行线上销售，同时结合线下旅行社的导游服务进行推广。针对海外游客，可以通过旅行社、出版物以及社交媒体等方式进行宣传，提高海外游客对茶文化旅游产品的认知和兴趣。

在渠道选择中也需要考虑市场需求和竞争环境。市场需求可以通过市场调研和分析来得出，根据市场需求的变化和趋势来调整渠道策略。竞争环境是指竞争对手、市场份额和竞争优势等方面的情况，通过了解竞争环境，可以选择适合自己产品的渠道并制定相应的竞争策略。

3. 渠道策略的实施与效果

茶文化旅游产品的渠道实施需要考虑多元化的渠道选择。传统的销售渠道如旅游机构、旅行社等仍然是茶文化旅游产品的主要销售渠道。随着互联网的快速发展，电子商务渠道和在线旅游平台也变得越来越重要。通过这些渠道，茶文化旅游产品能够直接与目标消费者进行沟通和销售，提高销售效率和销售额。

茶文化旅游产品的渠道实施需要注意差异化定位。针对不同的消费群体，可以选择不同的市场渠道和推广方式。例如，针对国内游客，可以通过与旅行社合作，开展线下宣传和销售活动；而对国际游客，可以选择与国际旅行社或在线旅游平台合作，开展线上推广和销售。通过精准的渠道定位，可以提高茶文化旅游产品的曝光度和销售量。

茶文化旅游产品的渠道实施需要注重品牌建设和口碑传播。品牌影响力的提升可以增加消费者对茶文化旅游产品的信任度和好感度。因此，在渠道实施过程中，应注重提升品牌形象，将品牌价值融入推广活动中。通过优质服务和客户体验，可以积极引导消费者形成良好的口碑传播，使茶文化旅游产品在市场中得到更多的认可和推崇。

通过不断的渠道效果评估和调整，可以优化茶文化旅游产品的渠道策略。定期收集和分析渠道销售数据，了解销售趋势和消费者需求，及时调整渠道分配和推广策略。同时，与渠道合作伙伴保持紧密的沟通和合作，共同探索新的营销机会和渠道开发。

第五章　茶产业多元化发展的路径与策略

第一节　茶产业链的构建与完善

一、茶产业链概述

（一）茶产业链的概念及特点

茶产业链作为一种特定的产业组织形式，是指从茶叶种植、采摘、加工到销售和消费的一系列环节和流程。茶产业链具有以下几个基本特点。

茶产业链具有较强的垂直一体化特点。这意味着茶产业链的各个环节密切相关，形成了一种相互依存的生态系统。茶叶种植者与茶叶加工商、茶叶销售商之间存在着紧密的合作关系，彼此之间的交流和协作是茶产业链能够正常运转的关键。

茶产业链的价值链非常明显。茶叶种植者从茶叶的生产中获得初级价值，而茶叶加工商将其加工成品后，增加了附加值，最终销售商和消费者则将茶叶产品变现为最终价值。茶产业链的各个环节都是为了实现价值增值而存在的，这也是茶产业链的核心动力所在。

茶产业链具有较高的供应链协同性。茶叶种植者、加工商、销售商以及消费者之间的联系与配合关系非常紧密。茶叶种植者需要根据市场需求来种植适销茶叶品种，加工商则需要根据茶叶品种的特点制定适当的加工工艺，销售商也需要根据消费者的需求来确定销售渠道和定价策略。只有各个环节的协调配合，茶产业链才能够实现优质茶叶的生产和销售。

茶产业链还具有较强的区域性特点。由于茶叶的生长环境和加工工艺对产出茶叶的品质有较大影响，茶产业链的各个环节往往集中在某一特定的地域。例如，中国的武夷岩茶、云南普洱茶以及日本的绿茶等都是茶产业链在特定地域形成的典型案例。

（二）茶产业链的构成与流程

茶产业链是由多个环节组成的，包括茶叶种植、采摘、加工、包装、销售等。这些环节紧密相连，相互依赖，形成了一个完整的产业链。

1. 原料环节

茶叶的种植是茶产业链的起点，它决定着后续环节的质量和产量。茶叶种植需要选择合适的地域和土壤条件，并采用科学的种植技术，以保证茶叶的品质和产量稳定。茶农在种植过程中还需要关注茶叶的采摘时间和方式，以及茶树的保护和养护等方面的工作。

2. 加工环节

茶叶采摘下来后需要经过一系列的加工工序，包括杀青、揉捻、发酵等。这些加工工序的控制对茶叶的口味和品质具有重要影响。不同的茶叶品种和工艺会产生不同的口感和香气，满足消费者的不同需求。因此，加工环节在茶产业链中也起着关键的作用。

3. 包装环节

茶叶的包装不仅能够保护茶叶的质量，还能够提升产品的美感和吸引力。好的包装设计能够吸引消费者的目光，提高购买欲望。因此，在茶产业链中，包装环节需要注重创新和品牌建设，不断提升包装的质量和吸引力。

4. 销售环节

茶叶的销售是茶产业链的最终目标，也是整个产业链的收尾阶段。茶企需要选择合适的销售渠道，如直营店、超市、电商平台等，以及开展市场推广和销售策略，提高产品的知名度和市场份额。同时，茶企还需要建立健全售后服务体系，提供优质的服务和产品保障，以增强消费者的满意度和忠诚度。

（三）茶产业链的价值分析

在茶产业链中，各个环节的协同作用及价值的创造是关键。茶产业链的价值分析旨在揭示茶产业链中不同环节所创造的价值，以及其对整个茶产业链的推动作用。

茶产业链中的茶叶种植环节对茶产业链的价值贡献非常重要。茶叶种植的质量和产量直接影响着后续环节的发展，优质茶叶的种植能够为茶产业链带来更高的附加值。茶叶种植的价值还体现在对农民增收的促进以及对农村地区经济发展的支撑。

在茶产业链中的茶叶加工环节，不仅仅是简单的加工和包装，更是为茶叶赋予了更高的附加值。在茶叶加工中，通过精细的制作工艺、特色的包装设计等，能够增强茶叶的市场竞争力，提升产品的附加值和品牌形象。茶叶加工环节的精益求精和创新能力，对茶产业链的整体价值提升起到了关键作用。

进入茶产业链的市场流通环节，茶叶产品的销售渠道与市场定位是影响其价值的重要因素。良好的市场渠道和准确的市场定位能够提高产品的销售量和市场占有率，从而进一步提升茶产业链的整体价值。同时，市场流通环节中的营销策略与品牌建设也能够为茶产业链创造更大的附加值。

茶产业链的服务环节也是价值创造的重要环节之一。茶产业链中的服务环节包括物流配送、售后服务等，这些环节的专业化、高效化能够提升茶叶的附加值，增加消费者对产品的满意度与忠诚度。

二、茶产业链构建策略

（一）产业链整合策略

1. 建立信息共享和沟通机制

茶产业链的每个环节都有各自的信息和资源，因此，建立高效的信息共享平台可以促进各个环节之间的紧密合作。这可以通过建立电子信息系统，定期沟通会议以及质量追溯等方式来实现。通过信息共享，各个环节可以更好地了解市场需求和产品质量要求，从而提高整体效益。

2. 加强合作伙伴关系

产业链的每个环节都有不同的利益相关者，包括茶农、加工企业、经销商等。建立良好的合作伙伴关系可以促进资源的共享和优势互补。例如，茶农可以通过与加工企业建立长期稳定的供应关系，获取更好的销售渠道和市场信息；加工企业可以与经销商建立合作关系，提高产品的销售和推广能力。通过合作伙伴关系的建立，各个环节可以形成良性循环，实现茶产业链的整体效益最大化。

3．制定统一的标准和规范

茶产业链的每个环节都有不同的标准和规范，包括茶叶的质量标准、生产过程的规范等。为了促进茶产业链的整合，需要制定统一的标准和规范，使各个环节能够达到相同的质量要求。这可以通过制定行业标准、建立质量检测机构以及推动认证体系建设等方式来实现。统一的标准和规范有助于提高茶产业链的整体质量水平，增强消费者的信心和满意度。

（二）产业链创新策略

1．重视技术创新

茶叶产业是一个与科技紧密相关的行业，技术创新对推动茶产业链的发展至关重要。在产业链中，应该加强对茶叶种植、加工、包装、物流等环节的技术创新，通过引进先进的生产技术、设备和工艺，提高茶叶的品质和附加值。利用信息技术和物联网技术，实现茶叶产业链的智能化管理与控制，提升整个产业链的效率和竞争力。

2．注重创新型人才的培养和引进

茶产业链的创新发展需要具备创新意识和创新能力的人才支持。因此，在产业链构建过程中，应该加大人才培养的力度，采取多种方式，培养和引进一批具备茶叶产业链相关专业知识和技能的创新型人才。这些人才将成为茶产业链的核心推动力量，为产业链的创新和发展提供强有力的支持。

3．不同环节和各方的通力合作

在产业链创新中，应该积极推动企业间、企业与研究机构、企业与政府、企业与市场等各种合作关系的建立和深化。通过各方的交流与合作，实现资源共享、优势互补，推动茶产业链创新与协同发展。同时，茶产业链还应该与其他相关产业链进行跨界融合，以进一步扩大茶产业链的影响力和市场份额。

（三）产业链竞争策略

通过不断改善茶产品质量来赢得消费者的青睐。在消费者需求多样化的今天，茶企需要不断进行技术创新和工艺改进，以确保产品质量的稳定和提升。通过引入先进的生产设备和技术，不断优化茶叶生产过程，提高茶叶的品质和口感，企业可以赢得消费者的认可和信赖。

产业链竞争策略还包括拓展市场渠道，增加产品的销售渠道和覆盖范围。通过与零售商、批发商和电商平台的合作，茶企可以实现产品的多渠道销售和市场的扩张。并且可以通过开展线上线下的营销活动，提高消费者对茶产品的知晓度和认可度。企业还可以定制个性化的产品服务，满足不同消费群体的需求，从而提高市场占有率。

茶产业链竞争策略还需要注重品牌建设。企业可以通过提升品牌形象和知名度来提高市场竞争力。针对不同的消费者群体，企业可以制定不同的品牌战略，提供特色鲜明、与众不同的产品，打造独特的品牌形象。通过品牌塑造，企业可以建立起消费者与品牌之间的情感连接，提升品牌认可度和忠诚度。

茶产业链竞争策略还包括上下游企业的合作与联盟。通过与茶产业链上游的茶园和下游的加工企业等进行合作，实现资源共享和互利共赢，提高产业链协同发展的效率和效益。例如，茶企可以与茶园建立长期稳定的采购合作关系，确保茶叶的稳定供应；同时，还可以与加工企业合作，共同开展研发创新，提高产品附加值。

三、茶产业链完善措施

（一）提高茶叶生产效率措施

1. 加强茶叶种植技术研究与推广

茶叶生产中，科学的种植技术能够提高茶树的产量和品质，进而提升茶叶生产的效率。通过研究改良品种，培育高产优质的茶树，进一步促进茶叶的丰产和优质化。同时，加强对茶叶种植的培训和宣传，提高种植者的技术水平，推广种植管理标准化的做法，实现茶叶生产技术的规范化。

2. 推广农机化茶叶生产

茶叶采摘是一个重要的环节，传统的人工采摘方式效率较低，人力成本较高。农机化的茶叶采摘能够大幅提高采摘效率，减少人工成本。因此，需要大力推广茶叶采摘机械的应用，并提供技术培训和财政支持，鼓励农民采用机械化方式进行茶叶采摘。

3. 加强茶叶生产的信息化管理

引入信息技术，通过建立茶叶生产的信息化管理系统，能够提高生产过程的监控和管理效率。茶园的数据采集、追溯系统的建立以及农药施用、采摘等信息的记录，都能通过信息化手段实现自动化和规范化。通过信息化管理，实现对茶叶生产全过程的实时监控和数据分析，能够及时发现问题，提出优化建议，从而有效提高茶叶生产的效率。

4. 加大对农民的扶持政策力度

茶叶生产是农民的主要经济来源之一，所以必须关注农民的权益和福利。政府可以提供财政补贴和优惠政策，鼓励农民投资茶叶生产，提高生产效益。同时，加强对农民的培训和技术支持，提高农民的茶叶种植技术水平，帮助农民解决生产过程中遇到的问题，提高茶叶生产效率。

（二）加强茶叶质量控制措施

在茶叶的生产环节，应该严格控制农药和化肥的使用。茶叶的生产过程中，农药和化肥的使用直接关系到茶叶的质量。因此，要积极倡导有机茶叶的种植方式，减少对农药和化肥的依赖，采用更环保的农业技术，确保茶叶的生产过程安全无害。

在茶叶的采摘和加工过程中，要注重细节和精细化管理。茶叶的品质往往在采摘和加工的过程中受到影响。因此，要加强对茶叶采摘时间的控制，确保采摘茶叶的鲜嫩度和嫩度的一致性。同时，要建立科学的茶叶加工工艺流程，保证茶叶的干燥、揉捻、发酵等过程的质量稳定性。

为了保证茶叶质量的稳定和可信性，还应加强茶叶质量检测和评价体系的建设。建立起合理的质量检测标准，通过对茶叶的外观、气味、口感等多项指标的严格测试，确保茶叶的品质达标。同时，还应加强对茶叶供应链的质量追溯，建立可追溯系统，使消费者对茶叶的来源和品质有更明确的了解和信心。

在茶叶质量控制的过程中，还可以借助现代化的技术手段，如人工智能、大数据分析等，提升质量管理的效率和准确性。通过对生产、加工、质检等环节的数据采集和分析，可以实时监测茶叶的品质状况，及时发现和解决潜在问题，进一步提高茶叶的质量。

（三）优化茶叶销售渠道措施

1. 加强与批发商和零售商的合作关系

与批发商建立紧密的合作关系可以帮助企业拓展茶叶销售的市场份额。通过与批发商的合作，企业可以降低销售成本，扩大销售规模，同时也可以提高产品的知名度和品牌形象。与零售商的合作也是非常重要的，它们是产品最直接的销售渠道。通过与零售商的合作，企业可以确保茶叶的及时供应，提高销售速度和效率。

2. 积极利用互联网和电子商务平台进行茶叶销售

互联网的兴起为茶叶销售提供了新的渠道和机遇。通过建立自己的电子商务平台或者与电商平台合作，可以将茶叶销售区域扩大到全国甚至全球，同时也可以提供更便捷的购买体验。通过电子商务平台，还可以进行精准营销，根据消费者的购买历史和偏好进行个性化推荐，提高销售转化率。

3. 加大对茶叶销售渠道的培训和支持力度

提供专业的培训和指导，帮助销售人员了解茶叶的特点、品种、生产过程等相关知识，提升其销售技巧和服务水平。企业还应该为销售人员提供良好的销售工具和支持，例如提供精美的产品样本、宣传资料和营销活动的支持等，以帮助他们更好地推销茶叶产品，提升销售业绩。

4. 关注茶叶销售的后续服务，建立良好的售后服务体系

及时处理消费者的投诉和问题，提供高效的售后服务，满足消费者的需求，建立良好的品牌形象和口碑。同时，企业还应当注重与消费者的互动和沟通，了解他们对茶叶的需求和意见，为产品的改进和升级提供依据。

（四）实施茶叶品牌战略措施

1. 建立茶叶品牌的定位和形象

一个成功的茶叶品牌应该能够与其他品牌形成差异化，以此吸引消费者的

注意和喜爱。因此，要对茶叶品牌进行定位，明确其目标消费群体和品牌的核心价值。在建立茶叶品牌形象上，应注重品牌的视觉识别系统的打造，包括品牌的名称、Logo、包装等，以及品牌形象的广告宣传和传播。

2. 加强茶叶品牌的营销和推广

茶叶品牌的成功与否，离不开良好的市场营销和推广手段。可以通过在传统媒体和新媒体上进行广告宣传，扩大品牌的知名度和曝光度。还可以考虑与电商平台合作，开展促销活动，或者与相关行业进行联合推广。通过多种渠道和方式将茶叶品牌推向市场，提高其市场份额。

3. 建立健全茶叶品牌的质量管理体系

茶叶品牌的成功离不开消费者对其质量的认可和信任。因此，要建立科学合理的质量管理体系，采取严格的质量控制措施，确保茶叶的品质稳定和一致性。这包括从茶园管理、生产工艺到产品检验等各个环节都要严格遵循相应的标准和规范，确保茶叶的质量符合市场需求和消费者的期望。

4. 加强品牌的扩张和延伸

一个成功的茶叶品牌可以通过品牌的扩张和延伸来进一步提升品牌价值和市场占有率。可以考虑将品牌延伸到相关的茶叶产品或者茶叶相关的产品领域，进一步满足消费者的需求。此外，还可以积极开拓国际市场，将茶叶品牌推向全球，提升其国际竞争力。

四、茶产业链的协同发展

（一）茶产业链上下游协同发展模式

茶产业链的上下游协同发展模式，是实现茶产业链顺畅运转和高效协调的重要途径。在茶产业链中，上游环节包括茶叶的种植、采摘和初加工等环节，而下游环节则包括茶叶的加工、包装和销售等环节。如何实现上下游之间的协同发展，是茶产业链发展中亟待解决的问题。

1. 合作伙伴关系模式

在这种模式下，茶产业链上下游的各个环节紧密合作，形成稳定的合作伙伴关系。合作伙伴之间通过合同约定，明确各方的责任和义务，确保茶叶从种植到销售的每个环节都得到有效的协调和管理。这种模式的优势在于可以充分发挥各个环节的专长，提高整个产业链的运作效率。

2. 集群化合作模式

在这种模式下，茶产业链上下游的企业或生产者集中在一个地理区域内，形成相对密集的聚集效应。这种模式的特点是资源共享、信息互通和合作创新。通过合作共享供应链资源和市场渠道，茶产业链上下游可以实现更高效的生产和销售，并提高整个茶产业链的竞争力。

3. 垂直整合模式

在这种模式下，一个企业或组织掌控茶产业链上下游的多个环节，实现资源整合和产业链的垂直一体化。通过垂直整合，茶产业链上下游环节之间的信息和资源流通更加迅捷高效，企业可以更好地控制和管理整个产业链，提高生产效率和经济效益。

（二）茶产业链各环节协同优化策略

茶叶生产环节是茶产业链的起始环节，对其进行协同优化是实现整个产业链协同发展的基础。在茶叶生产方面，可以采取新技术与传统知识相结合的方式，提高茶叶的生产效率和质量。加强与茶农的合作，优化茶叶供应链，实现茶叶产地与加工企业的有效衔接。

在茶叶加工环节，应注重工艺创新和优化。通过引入新的加工技术和设备，可以提高茶叶的附加值，并提升产品的品质和口感。加强与研发机构的合作，进行技术创新，推动茶叶加工环节朝着更加绿色和可持续发展的方向发展。

茶叶市场环节的协同优化是推动产业链协同发展的关键。在茶叶市场环节，需要加强市场调研，了解消费者需求的变化趋势。通过建立健全的营销渠道和品牌推广策略，提高茶叶的知名度和市场份额。还应加强茶叶交流合作，促进茶叶产业链在国内外市场的互联互通，实现共同发展。

在茶叶服务环节，应注重提升服务质量和效率。通过建立茶叶产业链服务平台，整合相关资源，提供全方位的服务支持，帮助茶叶企业解决在生产、加工、营销等方面的问题。同时，还可以通过培训和技术支持，提升从业人员的专业素质和技能水平，推动整个茶产业链的协同发展。

(三) 茶产业链协同发展的挑战与对策

在茶产业链的各个环节中，信息共享和沟通不畅成为制约协同发展的关键因素。为了解决这一问题，可以建立起茶产业链的信息平台，通过共享信息，增强各环节之间的沟通和合作，进而提高整个产业链的协同效率。

在产业链的上游环节，茶叶的种植和采摘需要大量的土地资源和劳动力，而在下游环节，茶叶的加工和销售更加依赖技术和市场渠道。为了实现协同发展，需要通过政府的引导和支持，促进资源的合理配置，优化产业链中的资源配置结构，使各环节之间的资源得到充分利用。

茶叶加工和品质改善离不开技术的支持，而技术创新离不开人才的培养和引进。因此，茶产业链应该加强与科研机构和高校的合作，建立科技创新平台，培养和引进专业人才，推动技术创新的不断发展，提高茶产业链的竞争力和协同效应。

在市场竞争日益激烈的背景下，茶产业链需要通过品牌建设和市场推广来提升产品的知名度和美誉度。为了实现协同发展，茶产业链中的各个环节应该共同努力，加强市场营销，提高产品的附加值，形成竞争壁垒，从而推动茶产业链的整体发展。

第二节　茶产业与其他产业的融合发展

一、茶产业与旅游业的融合

(一) 茶产业与旅游业的相互关系

茶产业和旅游业的融合可以为茶产业提供更多的发展机会。旅游业的兴起为茶产业带来了广阔的市场。游客在参观旅游景点的同时也对茶文化产生浓厚的兴趣。茶企可以通过设立茶园观光点、茶文化体验馆等形式，让游客近距离了解茶的生产流程和文化价值。这不仅可以增加茶企的知名度和影响力，还能扩大茶叶的销售渠道。

茶产业和旅游业的融合可以丰富旅游业的内容。茶文化作为中国的传统文化之一，具有深厚的历史底蕴和独特的价值。茶产业的发展可以为旅游景点提供丰富的文化资源，例如茶道表演、茶文化讲解等。游客在旅游过程中，不仅可以领略自然风景，还可以沉浸在茶文化的氛围中，提升旅游的体验感和文化内涵。

（二）茶旅融合的挑战与对策

1．传统茶文化与现代旅游需求之间的平衡

茶文化是中国传统文化的重要组成部分，许多游客前来茶园旅游的初衷是体验传统茶文化并感受自然环境。现代旅游业追求娱乐性和多元化，需要提供更多的旅游设施和活动。因此，茶旅融合需要寻找传统与现代的平衡点，既满足游客的需求，又保留传统茶文化的独特魅力。对策之一是创新传统茶文化的展示方式，例如将传统的茶道表演与现代音乐、舞蹈相结合，以增添娱乐性和吸引力。茶园可以提供更多的旅游设施，如茶文化体验馆、茶主题游乐区，以满足游客的多样化需求。

2．提升茶产业的竞争力

随着茶旅融合的崛起，茶产业不仅仅是传统的农业产业，还需要具备更强的服务和管理能力。茶企要向游客提供高品质的服务，包括茶叶品鉴、茶艺表演、茶叶销售等。因此，茶企需要积极提升园区的管理水平，培养专业的茶艺师和导游团队，提供专业的旅游服务。茶企还可以通过创新科技来提升竞争力。可以利用大数据分析，了解消费者的需求和偏好，进行有针对性的市场推广。另外，还可以探索利用互联网和移动应用，提供在线预订、导览和互动体验，提升消费者的交互性和便利性。

3．环境保护和可持续发展

茶园作为旅游景区，要面对游客带来的环境压力。大量的游客和车辆进入茶园，可能给茶叶生长环境带来破坏。因此，茶旅融合需要注重环境保护和可持续发展。茶企可以制定游客接待数量的限制，合理安排游客流量，减少对茶园环境的影响。同时，可以加强环境教育，引导游客对环境保护的重要性有更深的认识。

二、茶与健康产业的融合

（一）茶及其健康功效研究

茶作为一种传统的饮品，在全球范围内受到了广泛的关注和喜爱。随着健康意识的提高，人们对茶的健康功效也越来越关注并进行了深入的研究。茶中含有丰富的多酚类物质，如儿茶素、黄酮类和咖啡因等，这些物质被认为具有抗氧化、抗癌、降脂、降血糖等多种健康功效。

茶中的儿茶素被广泛研究与心血管相关疾病的防治。儿茶素具有抗氧化作用，可以抑制有害自由基的生成，进而减少血管内皮细胞的损伤，促进心血管系统的健康。研究发现，长期饮用茶可以降低心血管疾病的风险，并对降低血压和血脂具有显著效果。

茶中的黄酮类物质也得到了广泛的研究。黄酮类物质是一类天然的抗氧化剂，具有抗炎、抗菌和抗肿瘤的作用。另外，黄酮类物质还可以延缓衰老、改善皮肤质量，使皮肤更加紧致光滑。

茶中的咖啡因含量较低，但是其刺激中枢神经的作用在研究中也引起了关注。适量地饮用茶能够改善精神状态、增强注意力和工作效率。此外，茶中的咖啡因还具有抗疲劳的作用，可以提高运动耐力和恢复速度，对运动员来说尤为重要。

（二）茶产业与健康产业的结合模式

1. 茶企与健康产业的合作联盟

这种模式下，茶企与健康企业之间可以建立起长期合作关系，共同研发、生产和推广茶产品和健康产品。通过互补优势，实现资源共享和协同创新，进一步促进茶产业与健康产业的融合发展。例如，茶企与保健品企业合作，以茶叶为原料生产出具有健康功能的茶饮料或保健品，满足人们追求健康生活的需求。

2. 茶企与医疗健康机构的合作

茶企可以与医疗健康机构合作开展茶叶的保健功能研究，共同探索茶对人体健康的作用机制。在这种模式下，茶企可以通过与医疗健康机构建立合作关系，对茶叶的健康功效进行深入研究，并通过临床实验验证茶对特定疾病的预防和治疗效果。这种合作方式不仅可以提升茶企的科技研发能力，也可以为医疗健康机构提供更多的茶叶资源和技术支持。

3. 茶产业与互联网健康平台的结合

随着互联网的迅猛发展，茶企可以借助互联网健康平台的力量，将茶叶与健康的相关信息推广给更多的消费者。通过建立在线茶叶商城、健康知识平台和健康管理平台，茶企可以与互联网健康平台实现深度融合，为消费者提供更为便捷和个性化的茶叶和健康服务。这种模式不仅能够增加茶产品的市场渗透力，也可以提升茶产业与健康产业的整体发展水平。

三、茶产业与文化创意产业的融合

（一）茶文化与创意产业的相互影响

1. 茶文化为创意产业提供了源源不断的灵感

茶源远流长，其丰富的文化内涵和独特的仪式感使茶成为无穷的创作之源。茶文化中的礼仪、艺术、哲学等元素，为创意产业的设计师提供了广阔的创作空间。他们可以通过茶文化的元素，将其融入产品设计、艺术作品中，创造出富有艺术感和文化内涵的创意作品。

2. 创意产业为茶文化的传承和创新注入了新的活力

以茶文化为基础，结合当代的设计理念和科技手段，创意产业通过新颖独特的设计和技术创新，将茶文化包装、传播得更加生动有趣，使传统茶文化焕发出新的活力。例如，在茶具设计方面，创意产业将传统的茶具形式进行改良和创新，设计出更加符合现代审美和功能需求的茶具，使茶文化得以更好地传承和发展。

（二）茶产业与文化创意产业的结合模式

茶产业与文化创意产业的结合是当前茶产业发展的一大趋势，它不仅有助于提升茶产业的附加值，还能丰富文化创意产业的内涵。茶作为中国传统的饮品和文化符号，蕴含着悠久的历史和丰富的文化内涵。而文化创意产业则是以传统文化为素材，通过创意加工和设计，打造具有独特价值和市场吸引力的产品。

在茶产业与文化创意产业的结合模式方面，可以探索以下几种方式。

可以通过设计和包装，将传统茶具与现代艺术相结合，打造出独具风格和魅力的茶具。例如，可以将传统的茶壶、茶杯等进行创意设计和彩绘，赋予其独特的文化符号和艺术价值，使茶具成为既实用又具有收藏价值的艺术品。

可以将茶文化与传统手工艺相结合，开发具有文化内涵的手工茶制品。通过传统的手工工艺，将茶叶制成精美的工艺品，如茶叶雕刻、茶叶拼贴等，展现茶文化的独特魅力。这些手工茶制品不仅能满足人们的审美需求，还能成为文化创意产业的独特产品，吸引消费者的关注和购买。

茶产业与文化创意产业的结合还可以通过推广茶文化旅游和体验式活动来实现。通过建设茶文化村落、茶叶博物馆等茶文化旅游景点，将茶文化与旅游业相融合，为游客提供丰富多样的茶文化体验。同时，可以举办茶文化艺术展览、茶艺表演等活动，让人们在欣赏茶文化的同时，也能感受到文化创意产业的魅力。

（三）茶文化创意产品的设计与开发

在茶产业与文化创意产业的融合过程中，茶文化创意产品的设计与开发发挥着重要的作用。茶文化创意产品是指以茶文化为主题或元素，融入创意的设计理念和生产工艺，以满足市场需求和消费者的个性化需求。

在设计茶文化创意产品时，需要充分挖掘茶文化的内涵和独特之处。茶文化源远流长，深深植根于中国传统文化之中。通过研究茶文化的历史渊源、传统礼仪和茶道艺术，设计师可以获得灵感，将茶文化的精髓融入产品设计中。例如，通过运用茶艺器具的造型、茶叶的花纹和茶文化的象征符号，设计出符合茶文化特点的独特产品。

茶文化创意产品的设计应注重创新和差异化。在市场竞争日益激烈的背景下，传统的茶具和茶叶已经难以吸引消费者的注意。因此，通过融入创新的设计元素和现代化的生产工艺，设计师可以创造出独特且与众不同的茶文化创意产品。例如，设计师可以将茶文化与时尚元素相结合，打造出具有艺术感和时尚感的茶具、茶包装和茶叶礼盒。

在茶文化创意产品的开发过程中，注重与相关行业的合作也非常重要。茶文化产业的发展需要与设计、工艺、制造等多个领域的专业人士紧密合作。通过与设计师、工匠和营销人员的跨界合作，可以集聚更多的创意和专业技术，实现茶文化创意产品的研发和市场推广。例如，茶企可以与设计院所、艺术学院等合作，共同研发出符合市场需求和茶文化特点的创新产品。

（四）茶文化创意产业的发展前景

茶文化创意产业有着丰富而深厚的文化底蕴。茶文化作为中国传统文化的重要组成部分，在国内外具有广泛的影响力和吸引力。通过将茶文化与创意产业相结合，可以开发出富有创意、具有文化内涵的茶文化创意产品，引起消费者的兴趣和共鸣。

茶文化创意产业满足了消费者对个性化、多样化需求的追求。现代消费者不再满足于传统的茶叶产品，他们更注重产品的独特性和与自己个性的契合度。茶文化创意产业通过以茶为载体，融入各种时尚元素、文化符号和创意设计，生产出与众不同的茶文化创意产品，满足消费者对个性化消费的需求。

茶文化创意产业的发展得到了政府的支持和重视。在近年来的国家政策中，茶产业与文化创意产业的融合被提上了重要的议事日程。政府加大了对茶文化创意产业的扶持力度，鼓励企业加大研发投入，提升产品的创新能力和竞争力。这使茶文化创意产业具备了更加有利的发展环境和机遇。

茶文化创意产业在市场上具有较大的商业价值和经济效益。通过创新设计和市场推广，茶文化创意产业能够给消费者带来新的体验和情感共鸣，形成独特的品牌形象和市场竞争优势。同时，茶文化创意产业也可以带动茶产业的发展，为茶企拓展更多的销售渠道和提升产品附加值，实现利益的双赢。

四、茶产业与科技产业的融合

（一）茶产业的科技需求分析

茶产业对科技的需求在生产环节表现突出。茶叶的生长环境和气候条件对其产量和质量有着重要影响。因此，茶产业需要科技支持，以提高对气候变化的适应能力和精准农业技术的转化能力。例如，利用遥感技术和机器学习算法，通过对茶叶生长区域的遥感数据进行分析，可以预测茶叶产量和质量，并提供科学决策支持。茶产业还需要科技创新，研发高效的种植技术和科学的育种方法，以提高茶叶的产量和抗病能力。

茶产业对科技的需求在加工环节体现显著。茶叶的加工是决定茶品质的重要环节，传统的制茶工艺难以满足日益增长的市场需求。茶产业需要科技的支持，开展茶叶的新型加工技术研究和创新。例如，利用生物技术和生物工程技术，可以研发新型酶和微生物菌种，用于茶叶的发酵和氧化过程，从而提高茶叶的品质和口感。利用传感器技术和智能化设备，可以实现茶叶的自动化生产和精确控制，提高生产效率并节约人力成本。

茶产业对科技的需求在销售和营销环节呈现出明显需求。随着市场竞争的加剧和消费者需求的多样化，茶产业需要科技支持，开展电子商务和移动互联网的应用。通过构建茶叶电子商务平台和移动应用程序，茶产业可以拓宽销售渠道，提高产品溯源和品牌形象，提升消费者购物体验。同时，利用大数据分析和人工智能算法，茶产业可以进行市场调研和精准推销，为消费者提供个性化的茶叶产品和服务。

（二）科技在茶产业中的应用现状

茶叶生产过程中采用的现代科技手段显著提高了生产效率。传统茶叶采摘、炒制等工作量大且劳动强度较高，但随着科技的进步，自动采摘机械的使用使茶叶采摘不再受限于人力，大大减轻了工人的劳动强度，降低了生产成本。同时，科技还改进了茶叶加工的方法和设备，如茶叶杀青、揉捻过程中的温度、时间的控制等，使茶叶的色香味更加优良，提高了产品的市场竞争力。

科技在茶产业中的应用也加强了茶叶质量的监测和控制。茶叶的品质对消费者体验至关重要，科技的进步使茶叶质量监测更准确、更可靠。如通过使用高精度的化学分析仪器和传感器等设备，可以对茶叶中的有效成分进行精确的检测，确保茶叶产品符合标准和质量要求。科技还推动了茶叶生产过程中的智能化管理，通过数据采集和分析，实现茶叶质量的追溯与监管，确保茶叶的品质可靠，符合市场需求。

科技应用还为茶产业带来了营销和推广的新机遇。随着互联网和移动互联网技术的普及，茶产业通过线上销售平台的建设和推广，可以更好地与消费者进行互动和沟通。科技的应用使茶叶之间的品牌形象和消费者之间建立了更紧密的联系，有利于茶产业的品牌打造和市场拓展。

（三）茶产业与科技产业融合的途径

茶产业可以与信息技术产业融合，利用互联网、大数据、人工智能等技术手段来提升茶叶的生产和销售效率。例如，在生产环节，可以利用传感器和物联网技术实现对茶园土壤、气候等环境参数的实时监测和数据采集，从而更好地控制茶叶的生长环境，提高产量和质量。在销售环节，可以利用电子商务平台和智能物流系统，实现茶叶的在线销售和配送，提高销售效率和顾客满意度。

茶产业可以与生物技术产业融合，利用生物工程和基因技术来改良茶叶的品种和性状。通过对茶叶的基因组进行研究，可以筛选出更具抗病虫害、耐逆性和品质优良的茶叶品种，提高茶叶的产量和抗病虫害能力。同时，利用生物技术手段可以提取茶叶中的活性成分，开发新型的茶叶制品，如功能性茶饮料和保健品，以满足消费者对健康食品的需求。

茶产业还可以与能源技术产业融合，实现茶叶加工和利用茶渣等废弃物的能源化利用。利用生物质能源技术，可以将茶叶废弃物转化为生物燃料，用于茶叶加工过程中的能源供应。同时，利用生物质原料也可以制备生物塑料和生物化学品，实现茶产业的循环利用和可持续发展。

茶产业还可以与材料科学和工程产业融合，利用先进的材料和工艺技术来开发茶叶包装材料和新型茶具。通过使用具有保鲜、防潮、防氧化等功能的包装材料，可以延长茶叶的保鲜期限，确保茶叶品质的稳定性。同时，利用先进的加工技术和工艺手段，可以开发茶叶与陶瓷、玻璃等材料的复合产品，提升茶文化的艺术性和观赏性，丰富消费者的茶文化体验。

第三节　茶产业的创新驱动与品牌建设

一、茶产业创新的重要性

（一）茶产业的现状与挑战及解决手段

茶产业在经济发展和社会生活中占据着重要地位。然而，当前茶产业也面临着一些现状与挑战。首先，茶叶生产的技术和管理水平相对滞后，种植、储存、加工等环节存在一定程度的问题。这不仅影响了茶叶的品质和产量，也制约了茶产业的发展。其次，茶产业的市场竞争日益激烈，各地茶叶产地纷纷进军市场，形成了激烈的竞争态势。因此，茶产业需要面对这些现状与挑战，进行创新和改革。

茶产业创新是解决这些现状与挑战的必要手段。茶产业创新不仅包括技术创新，还包括管理创新、市场创新等方面。首先，技术创新是茶产业创新的基础，只有通过技术创新，才能提高茶叶的品质和产量，提高产业竞争力。其次，管理创新是茶产业创新的重要方向，只有通过管理创新，才能提高茶叶生产的效率和质量，推动茶产业的可持续发展。此外，市场创新也是茶产业创新的关键，只有通过市场创新，才能适应消费者的需求变化，掌握市场机遇，实现茶产业的长远发展。

（二）茶产业创新对茶产业发展的影响

茶产业创新能够有效提升茶叶的品质和附加值。随着消费者对茶叶品质的要求越来越高，传统的生产工艺和种植技术已经无法满足市场的需求。茶产业创新通过引进新的生产工艺和先进的种植技术，不仅能够改善茶叶的品质，还能够提高茶叶的附加值，进一步扩大茶产业的市场份额。

茶产业创新能够推动茶产业的升级和转型。茶产业的竞争日趋激烈，传统的茶企面临着市场份额被侵蚀、利润下降等问题。茶产业创新能够帮助茶企实现升级和转型，通过研发新的产品、开拓新的销售渠道以及改善营销策略等方式，提升企业的竞争力和盈利能力。茶产业的升级和转型不仅能够增加企业的收入和利润，还能够推动整个茶产业链的发展和壮大。

茶产业创新对茶产业的可持续发展具有重要意义。茶产业的可持续发展需要不断创新和改进，以应对资源紧缺、环境污染等挑战。茶产业创新可以推动茶产业向更加环保和可持续的发展方向转变，例如推广有机种植技术、开发生物制剂等，减少农药和化肥的使用，保护生态环境，提高茶叶的品质和安全性。

二、茶产业创新路径

（一）茶树种质创新

茶树种质创新作为茶产业创新的重要方向之一，具有重要意义。通过对茶树种质的优化、改良和创新，可以提高茶树品种的适应性和抗逆能力，进而增加茶叶产量和品质，推动整个茶产业的可持续发展。

茶树种质创新的关键在于优选和引进具备优良经济特性的茶树种质资源。首先，要加强对茶树种质资源的调查和收集工作，广泛收集丰富多样的种质资源。其次，通过综合评价和筛选，从中挑选出适应性好、产量高、品质优良的茶树品种，建立起种质资源库。建立种质资源库有利于保存茶树遗传资源，并为后续的研究提供基础数据和茶树种质的供应。

一旦获得了优良的茶树种质资源，就需要进一步通过杂交育种等技术手段进行创新。杂交育种是目前茶树种质创新中最常用的手段之一，通过不同品种之间的杂交，可以获得具备多种优良性状的新品种。同时，还可以利用基因工程和分子育种等现代生物技术手段，进行更加精确和高效的茶树种质创新。

（二）茶叶生产工艺创新

通过不断地改进和创新茶叶生产工艺，可以提高茶叶的品质和附加值，满足消费者日益增长的需求，推动茶产业向高品质、高附加值的方向发展。

1. 优化采摘技术

茶叶的采摘是影响茶叶质量的重要环节之一。传统的采摘方法往往存在一定的局限性，如人工采摘效率低下、茶叶受损率较高等。因此，茶叶生产工艺的创新可以聚焦在优化采摘技术上，如引入机械化采摘，可以提高采摘效率，减少人工损耗，并且能够精确控制采摘的时间和茶叶的成熟度，从而保证茶叶的品质。

2. 改善加工工艺

茶叶的加工过程对茶叶的风味和品质起到至关重要的作用。传统的加工工艺往往存在一定的局限性，如操作复杂、能耗高等。因此，茶叶生产工艺的创新可以从改善加工工艺着手，如引入先进的加工设备和技术，实现茶叶的快速干燥和保鲜，以及有效控制加工温度和湿度，从而避免因加工不当而导致的品质下降。

3. 推动贮存与包装的创新

茶叶的贮存和包装直接影响茶叶的口感和保鲜程度。传统的贮存和包装方法存在一些问题，如易受潮、易氧化等。因此，茶叶生产工艺的创新应当包括推动贮存和包装的创新，如采用高效的密封包装材料，保持茶叶的湿度和氧气的透过性足够低，以延长茶叶的保鲜期和保持其原有的风味。

（三）茶叶产品研发创新

在茶产业中，茶叶产品的研发创新不仅能够提升产品的品质和附加值，还能够满足消费者不断变化的需求，拓展市场空间。下面从市场导向、技术创新和品牌建设等方面探讨茶叶产品研发创新的关键要素。

1. 市场导向是茶叶产品研发创新的重要指引

在市场经济的推动下，茶叶市场竞争日益激烈，消费者的需求也日益多样化。茶叶企业应紧密关注市场变化和消费趋势，通过市场调研和数据分析，准确把握消费者的需求，及时调整产品研发方向。例如，针对健康养生的消费需求，茶企可以开展功能性茶叶产品的研发，如减肥茶、安神茶等，以满足不同消费者的健康需求。

2. 技术创新是茶叶产品研发的核心要素

茶叶产品的技术创新涉及茶叶采摘、制作、贮存等各个环节。通过引进先进的生产设备和工艺，不断优化茶叶生产过程，提高产品的品质和口感。另外，茶叶的加工技术也是关键的创新点之一。通过改变传统的加工方式和工艺，开发新的茶叶制作方法，可以创造出更具特色和独特口感的茶叶产品。借助现代化技术手段，如人工智能和大数据分析等，可以提升茶叶产品的品控水平，从而更好地满足市场需求。

3. 品牌建设是茶叶产品研发创新的重要支撑

茶叶产品的品牌化能够提高产品的竞争力和附加值。通过塑造独特的品牌形象和产品属性，茶企可以树立良好的品牌声誉，获得消费者的信任和认可。在茶叶产品研发过程中，需要将品牌战略融入研发计划中，将品牌的核心理念和特色融入产品设计中。通过有效的市场推广和宣传活动，提升品牌知名度和美誉度，进一步拓展市场份额。

三、茶品牌建设策略

（一）品牌定位策略

品牌定位是指通过明确的市场定位和差异化竞争策略，将茶品牌与竞争对手区分开来，形成独特的品牌形象和价值主张。只有通过有效的品牌定位，茶企才能在市场竞争中取得竞争优势，满足消费者的需求，实现茶产业的可持续发展。

1. 品牌定位需要明确目标市场

茶产业的消费群体非常广泛，包括茶饮爱好者、健康追求者、文化传承者等不同的消费群体。因此，在品牌定位策略中，需要明确目标市场是哪些消费群体，并对他们的需求进行深入研究。不同的消费群体对茶品的要求和偏好有所差异，因此，品牌定位需要根据不同的目标市场制定相应的策略。

2. 品牌定位需要强调核心竞争力

茶产业中，核心竞争力包括品质、文化、创新等方面。茶品的品质是消费者购买的一项重要考虑因素，因此，在品牌定位中需要突出品质优势，以保证消费者对茶品的认可和信任。茶文化是茶产业的独特之处，品牌定位策略需要体现茶文化的内涵和传统，为消费者提供具有文化内涵的茶产品。创新在茶产业中也非常重要，品牌定位应考虑如何通过创新来满足消费者的新需求和期待。

3. 品牌定位需要结合市场竞争环境

茶产业是一个竞争激烈的行业，品牌定位需要考虑竞争对手的优势和劣势，制定相应的竞争策略。品牌定位不仅仅是为了与竞争对手区分开来，更要通过准确的定位为消费者提供独特的价值。在制定品牌定位策略时，需要充分分析市场细分和竞争对手的定位，找到茶产业创新的突破点，为企业的品牌定位提供战略方向。

（二）品牌传播策略

通过有效的传播策略，可以将茶品牌的形象和价值准确传达给消费者，提高品牌知名度和美誉度。

1. 制订一套完整的传播计划

制订一套完整的传播计划需要充分了解目标市场和消费者的需求，以及竞争对手的品牌传播策略。基于市场调研和数据分析，制定战略性的品牌传播目标和核心信息，然后在传播渠道和媒体上选择合适的平台和方式进行传播。

2. 注重创意和差异化是关键

茶产业创新需要在品牌传播中突出与众不同的特点，突出品牌的独特性和价值。可以通过创造有趣、独特的品牌故事，通过情感共鸣打动消费者。同时，结合时下热门的社交媒体和网络平台，以及传统的广告渠道，进行全方位多层次的传播。

3. 注重互动和参与

与消费者进行有效的互动和参与，可以建立起更加紧密的品牌关系。例如，可以通过线上的互动活动、线下的品牌推广活动，与消费者进行实时互动和体验。这样不仅可以提升消费者的品牌认知度，还可以增强品牌的亲和力和用户体验。

4. 要善于利用合适的传播工具和资源

可以通过公关、赞助、媒体合作等方式，扩大品牌的曝光和影响力。借助微信、微博等社交媒体平台的广泛传播能力，实现品牌信息的快速传递。

5. 要持续评估和调整传播效果

定期对品牌传播策略进行评估和分析，了解市场反应和效果。根据反馈和数据结果，及时调整策略并改进不足之处，做到持续优化和提升品牌传播效果。

（三）品牌保护策略

在市场竞争日益激烈的环境下，保护好茶品牌的知识产权和商业秘密成为茶企提高竞争力的重要手段。以下几点是茶产业创新与品牌建设中的品牌保护策略。

1. 加强知识产权保护

茶产业创新过程中所涉及的技术、研发成果、品牌设计等都是企业的重要资产，需要通过知识产权的保护来确保其合法性和独占性。茶企需要积极申请专利、商标等知识产权，并严格执行保密协议，防止技术和商业机密泄露。茶企还可以加强与知识产权保护机构的合作，共同推动茶产业创新与品牌建设。

2. 建立健全内部控制机制

茶企应建立完善的内部管理体系，加强对品牌相关信息和资产的保护。要加强员工的法律意识和保密意识培养，规范茶企内部信息流动和处理过程，确保品牌相关信息不受损害。茶企还可以引入先进的信息技术手段，加强对品牌信息的监控和防范，提高品牌保护的效果。

3. 加强合作与联防

茶企可以与其他相关产业机构、知识产权保护机构、行业协会等形成合作机制，共同保护茶品牌的知识产权和商业秘密。通过组织行业交流和经验分享，茶企可以更好地了解市场动态和竞争态势，及时应对潜在的品牌保护隐患。茶企还可以与执法机关建立联防机制，共同打击恶意侵权行为，保护茶品牌的合法权益。

（四）品牌忠诚度建设策略

品牌忠诚度是指消费者对特定品牌的持续购买和品牌推荐的倾向，它是建立稳定消费者群体和增强市场竞争力的重要手段。因此，在茶品牌建设中，制定有效的品牌忠诚度建设策略至关重要。

1. 加强产品品质管理

茶产业的核心竞争力在于茶叶的质量和口感，只有提供优质的茶叶产品，消费者才会对品牌产生信任和忠诚度。因此，茶企应该注重茶叶的种植、采摘和加工过程，确保茶叶的新鲜度、口感以及营养成分的完整性。同时，企业还应该建立起严格的质量控制体系，确保产品的稳定性和一致性。

2. 创新营销手段

通过与消费者进行互动和沟通，企业可以了解消费者的需求和偏好，并根据市场反馈做出相应的调整和改进。企业可以利用社交媒体等新媒体渠道来与消费者建立连接，并提供个性化的服务和体验，以增强消费者对品牌的认同感和忠诚度。此外，企业还可以利用限时折扣、会员专享等营销活动，激发消费者对品牌的购买欲望，并提升品牌忠诚度。

3. 重视品牌公信力的建设

消费者对品牌的信任和忠诚度，与品牌的社会责任感和诚信度密切相关。因此，茶企要积极参与公益事业，关注环境保护和社会贡献。通过推出环保包装、参与公益活动等方式，树立起企业的良好形象，增强消费者对品牌的信任和忠诚度。

4. 建立良好的售后服务体系

售后服务是消费者对品牌的重要体验之一，良好的售后服务能够增强消费者的满意度和忠诚度。茶企可以通过提供免费维修、包退包换等售后服务政策，以及设立 24 小时客服热线等方式，为消费者提供全方位的支持和帮助，增强品牌忠诚度。

四、茶产业创新发展的支持措施

（一）创新技术的应用

在茶产业的发展中，创新技术的应用被认为是推动产业进步和提升茶品质的关键因素。创新技术的应用可以从多个角度促进茶产业的发展，包括茶叶种植、加工和营销等方面。

创新技术在茶叶种植领域发挥着重要作用。传统的茶叶种植方式存在着生产效率低、茶叶品质不稳定等问题，而创新技术的应用可以提高种植效率和茶叶的质量。例如，利用遥感技术和地理信息系统，可以对茶叶的生长环境进行全面监测和分析，从而在种植和管理过程中进行精确调控，提高茶叶的产量和质量。

创新技术在茶叶加工环节也起到了重要的作用。传统的手工加工方式存在劳动力成本高、加工质量难以保证等问题，而创新技术的应用可以提高加工效率和茶叶的品质。例如，利用机械化加工设备和自动化控制系统，可以实现茶叶的精确控温和精细加工，从而保持茶叶的天然香气和营养成分，提高茶叶的市场竞争力。

创新技术在茶叶营销环节也具有重要意义。传统的茶叶营销方式受限于地理位置和传统渠道，而创新技术的应用可以拓展营销渠道和提升消费体验。例如，利用互联网技术和电子商务平台，可以实现茶叶的在线销售和全程追溯，吸引更多消费者的参与和信赖。

（二）政策支持与产业环境的优化

促进茶产业的创新发展，政策支持与产业环境的优化是至关重要的。政府在茶产业方面应该出台有利于创新的政策，提供经济和税收优惠，为企业提供更多的研发经费和技术支持。同时，建立健全的知识产权保护制度也是必不可少的，以保护企业的创新成果和技术创新。

除了政策支持，产业环境的优化也是茶产业创新的重要方面。首先，要加强茶产业的研发与创新能力，推动科技创新在茶叶生产、加工和营销等环节的应用。通过加大科研机构的投入和企业间的合作，提升茶产业的技术水平和创新能力。其次，要加强行业协会的组织和引导作用，促进茶企间的合作与交流。协会可以组织专家学者、企业家等参与茶产业的研讨会和展览会，提供一个交流与学习的平台，促进创新思想的碰撞和合作机会的产生。同时，也可以通过协会的组织，为茶企提供专业的咨询和培训服务，帮助企业提升管理水平和技术能力。

（三）茶产业人才培养与引进

茶产业的发展离不开高素质的人才支持，因此茶产业人才培养与引进成为茶产业创新与品牌建设的重要环节。在茶产业领域，为了满足产业发展的需求，人才培养变得尤为重要。

1. 建立健全的培养体系

这可以通过设立茶产业相关专业，开展茶叶生产与加工技术的培训和教育，培养全面发展的茶产业人才。还可以加强与高校、科研机构之间的合作，共同开展茶产业领域的科研与实践，为人才培养提供更加全面和深入的学习环境。

2. 注重实践能力的培养

茶产业是一个实践性很强的行业，仅仅有理论知识是不够的。因此，要通过实践教学、实习实训等方式，培养学生在茶叶生产加工、茶品质检测等方面的实践能力。这样的培养方式可以提高学生的综合素质，并使其更好地适应茶产业的发展需求。

3. 茶产业人才的引进

通过引进国内外的茶产业专家、高层次的技术人才和管理人才，可以带来新的思路和技术，促进茶产业的创新发展。所以要加强人才引进政策的制定与落实，为优秀的人才提供良好的发展机会和福利待遇，吸引他们加入茶产业的创新与发展中来。

参考文献

[1] 吴澎，黄晓琴，周涛. 茶文化概论 [M]. 2 版. 北京：化学工业出版社，2023.

[2] 王岳飞，周继红，陈萍. 中国茶文化与茶健康 [M]. 杭州：浙江大学出版社，2023.

[3] 余悦. 茶文化 [M]. 南昌：江西美术出版社，2023.

[4] 鲍志成. 茶文化与人类 [M]. 北京：中国农业出版社，2023.

[5] 贾红文，赵艳红，白雪，等. 茶文化概论与茶艺实训 [M]. 3 版. 北京：北京交通大学出版社，2023.

[6] 霍艳平，刘佳. 茶育课程设计 [M]. 西安：陕西师范大学出版社，2023.

[7] 吴大真. 种茶制茶一本通 [M]. 北京：中国人口出版社，2023.

[8] 刘林舒，卓琳，李宁. 茶与茶文化 [M]. 长沙：湖南师范大学出版社，2022.

[9] 初晓恒，刘纪龙，朱建国，等. 茶艺 [M]. 杭州：浙江大学出版社，2022.

[10] 吴雨. 中国古代茶文化 [M]. 北京：中国商业出版社，2022.

[11] 张忠良，毛先颉. 中国茶文化 [M]. 北京：时事出版社，2022.

[12] 孙晟. 探寻中华文化之美：品味茶文化 [M]. 长春：吉林大学出版社，2022.

[13] 胡民强. 中华茶文化 [M]. 北京：中国人民大学出版社，2022.

[14] 张金霞. 茶文化与茶艺：方法与操作 [M]. 武汉：华中科技大学出版社，2022.

[15] 冯时. 茶艺与茶文化 [M]. 武汉：华中科技大学出版社，2022.

[16] 郭丽萍，徐红娟. 茶文化与茶艺 [M]. 镇江：江苏大学出版社，2022.

[17] 李岚，王婧，张伟强，等. 茶艺与茶文化 [M]. 北京：中国旅游出版社，2021.

[18] 吕英建. 茶旅十年 [M]. 石家庄：花山文艺出版社，2021.

[19] 沈克. 茶文化旅游研究 [M]. 郑州：郑州大学出版社，2019.

[20] 李远华. 茶文化旅游 [M]. 北京：中国农业出版社，2019.